VIBRAÇÕES DE PAZ EM FAMÍLIA
Copyright © 2019 By Editora Dufaux
2ª Edição | Fevereiro de 2023 | do 2º a 3º milheiro

Dados Internacionais de Catalogação Pública

DUFAUX, Ermance (Espírito)
  Vibrações de Paz em Família.
  Ermance Dufaux (Espírito): psicografado por Wanderley Oliveira.
  DUFAUX: Belo Horizonte, MG. 2019

311p. (Série Culto no Lar)   16 x 23 cm
ISBN: 978-85-72190-01-5

1. Espiritismo   2. Psicografia
I. OLIVEIRA, Wanderley   II. Título
CDU 133.9

Impresso no Brasil | Printed in Brazil | Presita en Brazilo

Editora Dufaux

R. Contria, 759 - Alto Barroca
Belo Horizonte MG 30431-028
www.editoradufaux.com.br   1531 3347 (31)
comunicacao@editoradufaux.com.br

 Conforme novo acordo ortográfico da língua portuguesa ratificado em 2008.

Os direitos autorais desta obra foram cedidos pelo médium Wanderley Oliveira à Sociedade Espírita Ermance Dufaux (SEED). Todos os direitos reservados à Editora Dufaux. É proibida a sua reprodução parcial ou total através de qualquer forma, meio ou processo eletrônico, digital, fotocópia, microfilme, internet, cd-rom, dvd, dentre outros, sem prévia e expressa autorização da editora, nos termos da Lei 9.610/98 que regulamenta os direitos de autor e conexos.

Série Culto no Lar

Vibrações de Paz em Família

Wanderley Oliveira
pelo espírito Ermance Dufaux

Dufaux editora

Sumário

Apresentação 07
Como fazer o culto no lar 09
Parte 1 - Lições para o autoamor 11
Parte 2 - Para sentir Deus 103
Parte 3 - Receitas para a alma 209

Apresentação

A Editora Dufaux lança a *Série Culto no Lar*. Nosso objetivo é fortalecer o recurso precioso de equilíbrio e paz que devem ser cultivados em família, com muito cuidado, uma vez que a oração é o principal caminho para nos sintonizarmos com as forças superiores que regem a vida em todo universo.

O Culto do Evangelho na Lar é, comprovadamente, a porta que se abre para que nossos amigos espirituais venham participar da vida familiar, trazendo recursos de que ainda não dispomos para desenvolver o equilíbrio tão desejado na convivência.

Este livro é a união de outras três obras de mensagens já publicadas pela Editora Dufaux: *Lições para o autoamor, Para sentir Deus e Receitas para a alma*, todas de autoria espiritual de Ermance Dufaux.

Suas lições são sempre iniciadas com versículos do Novo Testamento, acompanhadas por esclarecimentos muito simples e objetivos, de fácil entendimento aos integrantes da família, que promovem atitudes de autoconhecimento, de aceitação das diferenças de cada um e, sobretudo, do desenvolvimento do perdão e do amor que são tão necessários para manter a família unida, principalmente nos dias difíceis.

Não difundimos estas ideias por idealismo de crença, mas sim na firme convicção, e experiência, de que tem sido por meio do Culto no Lar que enfrentamos e superamos os maiores desafios de crescimento que a vida tem nos proporcionado, por muitas décadas.

Desejamos, de coração, que Jesus possa entrar no lar de cada um de nós, trazendo esperança, leveza e coragem para olharmos a vida de cabeça erguida, confidentes na presença Dele ao nosso lado.

Sempre!

Maria José da Costa

Como fazer o culto no lar

Quem participa?

- Todos os familiares, inclusive as crianças, visitas inesperadas ou hóspedes.

- Pode ser feito por apenas uma pessoa da casa.

Tem roteiro?

O culto é feito de forma muito espontânea, descontraída e interessante, mas sugerimos:

- Fazer uma prece no início e no final do culto.

- Escolha um livro que tenha versículos do Evangelho e comentários complementares, literatura infanto-juvenil, *O Evangelho segundo o Espiritismo* ou similares. Podem ser lidos de forma sequencial ou aleatória. Reflexões dos integrantes e conteúdos complementares enriquecem o momento.

Quais os cuidados necessários?

- Os amigos espirituais se programam para estar presentes no dia e horário escolhidos para a realização do culto, portanto eles precisam ser respeitados.

- Não transferir ou suspender a reunião em virtude de compromissos de última hora. Em casos de extrema necessidade, pelo menos um integrante deve fazê-lo.

- Diante de um impedimento inadiável, o culto pode ser transferido para o dia posterior.

- Caso a família precise viajar, o culto pode ser realizado onde estiverem.

- O tempo de duração é flexível, mas recomenda-se que não ultrapasse 1 hora.

- Colocar água para ser fluidificada pelos amigos espirituais e uma música suave para auxiliar a manter as boas vibrações.

- Evitar críticas e análises de condutas inadequadas dos familiares para não criar polêmicas, acusações ou desvio para outros assuntos.

Índice - Parte 1

Prólogo - Jamais desistir 14
1. Perdoe-se por não ser quem gostaria 16
2. A vida pelos olhos de Deus 18
3. Agir no bem 20
4. Um futuro melhor 22
5. A luz que há em você 24
6. Dignifique sua palavra 26
7. Tolerar sempre 28
8. Prática de autoamor 30
9. Perante desafetos 32
10. Suavização das dores 34
11. Confiança e fé 36
12. Coragem 38
13. Comparações 39
14. O primeiro passo 41
15. Gratidão 42
16. Vigilância preventiva 44
17. Cuide de si mesmo 46
18. Sob máscaras 48
19. Lembranças 49
20. Seus horários 51
21. Severidade consigo mesmo 52

22. Indulgência na alma 54
23. Alvo divino 56
24. Subamos o monte 57
25. Pétalas viçosas 59
26. Missão pessoal 61
27. Tribulações educativas 62
28. Persistir um tanto mais 64
29. Aferições 65
30. Compromisso e priorização 67
31. Na produção do bem 68
32. Teia da solidariedade 70
33. Mensagens do inconsciente 72
34. Perfeccionismo 74
35. Acredite em sua luz 76
36. Paz na alma 78
37. Respeite sua doença 79
38. Amor ao próximo 80
39. O segredo da felicidade 81
40. Capas ilusórias 83
41. Sem olhar para trás 85
42. Climas pessimistas 87
43. Leitos educativos 89
44. Calma 91
45. Estados emocionais 92
46. Perante o mal, sempre o bem 94
47. Arrependimento e remorso 96
48. Sorriso mental 98
49. Projeções 100
50. Por quem você orou hoje? 101

Prólogo

JAMAIS DESISTIR

*E sereis odiados por todos por amor do meu nome; mas
quem perseverar até o fim, esse será salvo.*
Marcos, 13:13

Nenhum de nós se sentirá bem diante das faltas que poderia ter evitado. No entanto, nesses momentos malsucedidos, recorramos ao autoamor que merecemos.

A intolerância e a culpa, a tristeza e a vergonha, quando nos fazem sofrer, são efeitos da nossa incapacidade de aplicar o autoamor. Esta incapacidade estabelece um clima de cobrança e de severidade que constituem dolorosas prisões emocionais.

O tempo presente, porém, chama-nos para a lucidez moral. Compete-nos o perdão incondicional ante os dissabores com nossas atitudes, a tolerância com nossas faltas e a brandura para recomeçar.

Comecemos indagando se algo nos impede, definitivamente, de retomar a luta.

Depois, oremos suplicando a extensão da misericórdia celeste. Muitos erros da caminhada servem para sentirmos o quanto ainda somos suscetíveis à queda e para reconhecermos, com mais exatidão, a extensão da nossa fragilidade.

Em seguida, façamos um inventário de vitórias e esforços e perceberemos o valor de continuar o bom combate, sem tréguas.

Após esses passos, retomemos o trabalho honesto, e o tempo se encarregará do restante.

Em toda ascensão espiritual há tropeços e enganos. Façamos o melhor que pudermos. Na hora infeliz e dilacerante do fracasso, recorramos a Deus e adotemos como compromisso jamais desistir de lutar e buscar a felicidade, trabalhando, dia após dia, pelo reerguimento e reparação em favor da nossa paz.

Ermance Dufaux

Belo Horizonte, setembro de 2010

Perdoe-se por não ser quem gostaria

01

E Jesus, vendo a fé deles, disse ao paralítico:
— Filho, perdoados estão os teus pecados.

Marcos, 2:5

É nos instantes de crise que surgem as mais nobres oportunidades de descoberta e autoperdão.

Olhe para seu momento de testemunhos com coragem; peça a Deus a força que lhe falta; respire fundo e não adie a oportunidade bendita de ruptura com a fuga ou a acomodação.

Crise é o exame da vida quando você se encontra apto à promoção e ao crescimento.

Crise é o outro nome do progresso, caso se disponha a enfrentar e a aprender.

Você terá incômodos e adversidades durante os testes de discernimento e resistência. Nada, porém, poderá lhe tirar o ânimo de prosseguir e manter acesa a chama da esperança e do otimismo, da coragem e da cordialidade para consigo mesmo.

Ante a aplicação dos instrumentos cirúrgicos da dor, você descobrirá que é preciso transformar o mal a fim de adquirir saúde e equilíbrio na direção de dias mais ricos de alegria e distantes da ilusão. Especialmente a ilusão sobre quem você pensa que é.

Avance confiante! Não existe prova sem solução. A dor é mensagem da alma suplicando renovação e crescimento.

Perdoando a si mesmo por ainda não ser quem gostaria, você avançará na rota segura e gloriosa de ser quem verdadeiramente é.

A vida pelos olhos de Deus

02

[...] porque vosso Pai sabe o que vos é necessário, antes de vós lho pedirdes.

Mateus, 6:8

Pondere que cada pessoa tem seu caminho próprio, seu destino pessoal, seu limite particular e sua lição essencial.

Ninguém será ou fará exatamente o que deseja da forma como anseia.

Se você ama verdadeiramente, aprenda essa lição fundamental para o seu sossego interior e, o quanto antes, desenvolva sua capacidade de respeitar a liberdade de escolha alheia.

Cada individualidade, ainda que carregue laços estreitos com sua alma, é dotada de singularidade e identidade própria.

A vida é resplandecente escola de aprimoramento e avanço. O que hoje lhe parece ruína na conduta de seus entes amados, compreenderás amanhã que é o melhor que eles possuem no acervo de suas conquistas rumo à perfeição.

Deus tem Seus olhos centrados em Seus filhos. Rogue a lucidez que você ainda não possui e entregue-se, sem restrições, ao fluxo de Sua infinita sabedoria, que tudo provê e prevê em favor do bem de todos.

Agir no bem

03

E não nos cansemos de fazer o bem, porque a seu tempo ceifaremos, se não houvermos desfalecido.

Gálatas, 6:9

Desejando fazer o Bem, muitas vezes você toma como referência os movimentos de largo alcance em favor do semelhante, e termina esquecendo a partilha do pão que alimentaria a alma e a emoção de infinito número de criaturas ao seu alcance.

Faça o bem que puder. Dê o melhor de si, sem comparações com as expressões de bondade que outros já conseguem disseminar no bem alheio. Esperar por condições para realizar algo pode ser negligência e, em muitos casos, invigilância e acomodação.

Entregue-se ao serviço do bem sem pensar nos resultados; ofereça sem esperar retorno e envolva-se sem juízos precipitados.

Deixe seu coração dirigir suas manifestações de afeto e solidariedade.

Depois do ato desprendido de cooperar, procure pensar nas aquisições morais que lhe enobreceram o caráter com a ocasião de servir. O efeito desse exame será impulso renovador que alimentará ainda mais a sua sede de ser útil nos dias vindouros e, consolidará em sua alma o desejo sincero de agir sempre no bem, independentemente da quantidade de suas ações.

Um futuro melhor

04

Não vos inquieteis, pois, pelo dia de amanhã, porque o dia de amanhã cuidará de si mesmo. Basta a cada dia o seu mal.

Mateus, 6:34

Gratidão é um sentimento que você desenvolve quando decide entender que tudo tem sua razão de ser na preparação de um futuro melhor para si mesmo.

Agradeça pela bênção do dia. As decepções de hoje, amanhã serão compreendidas como soluções. O abandono de agora, logo mais pode se tornar aferição de coragem e autonomia.

As traições infelizes, se bem compreendidas, serão convites para experiências mais benéficas, que você jamais conheceria se estivesse acomodado nas folgas das aparentes fidelidades.

As decepções, o abandono, as traições e as doenças são um recado da vida mental profunda suplicando o reexame de sua conduta. São aferições necessárias no compromisso da melhoria espiritual, diante do altar sagrado da consciência.

Se tiver calma e serenidade, humildade e persistência, perceberá que o futuro está sempre de braços abertos para quem agradece, de coração, o momento presente, apresentando alternativas e caminhos que inegavelmente resultará em dias melhores e mais proveitosos.

A luz que há em você

05

Vê, pois, que a luz que em ti há não seja trevas.

Lucas, 11:35

Ainda que sombras interiores despertem o desânimo, persevere.

Mesmo que sentimentos conspirem contra seu esforço pessoal, avance.

Se forças opositoras envolvem você no pessimismo, esforce-se um pouco mais.

Quando todos os obstáculos do caminho lhe parecem intransponíveis, pare um pouco, pense em Deus e prossiga.

Trabalhando e se esforçando na transformação de seus impulsos de paralisia e derrotismo descobrirá, dentro de si mesmo, os potenciais luminosos que serão as chaves libertadoras das algemas das imperfeições que você carrega e dos problemas que ainda amontoa.

Sombra é ausência parcial da luz. Acendendo o clarão o obstáculo desaparece.

A resistência, quando colocada à prova, significa aferição com o intuito de promover o ser humano a aprendizados mais avançados nas lições do aprimoramento espiritual.

Quando estiver a ponto de desistir, recorde que esse é o momento mais precioso de seus testemunhos.

Cuide de si mesmo para que a abençoada ocasião de aprender não passe sem que você retire dela o melhor que puder. Transforme a treva com a luz que há em você.

Guarde a certeza de que jamais se sentirá desamparado se resolver acreditar no seu guia interior, pleno de luminosidade e pronto para orientar na direção da harmonia.

Dignifique sua palavra

06

[...] porque da abundância do seu coração fala a boca.

Lucas, 6:45

Caso não consiga uma palavra dignificante ante as falas levianas, evite, pelo menos, engrossar a fileira dos que caíram na ação de maldizer.

Suas palavras são o retrato de suas qualidades ou imperfeições, por elas você é conhecido onde estiver.

Melhore a disciplina de seu mundo íntimo para que em todos os lugares sua boca fale daquilo que o coração enriquecido no amor nutre pelo bem.

Examine os sentimentos que orientam sua fala e conhecerá as raízes dos deslizes verbais que, quase sempre, são expressões enfermiças da inveja, da ambição, da irritação e do personalismo.

Quem derrapa na palavra aciona um sombrio mecanismo íntimo contra si mesmo.

Enalteça a vida e o próximo e perceberá em si mesmo os reflexos saudáveis da alegria e da energia refazedora.

Quando o coração se educa nos roteiros do bem e da virtude, a boca se transforma em um sublime canal de maravilhas e criações, elevando o padrão energético e protegendo a criatura na luz restauradora do descanso e da saúde, da força e da serenidade.

Tolerar sempre 07

Disseram-lhe eles: Senhor, que os nossos olhos sejam abertos.

Mateus, 20:33

Tolerância permanente no convívio é medicação eficiente para a paz e o equilíbrio.

Habitue-se, por isso mesmo, a destacar sempre a parcela de luz nos fatos e nas pessoas; mesmo quando encontrar motivos para não acender a luz da tolerância.

Afeiçoe-se ao lado bom da vida e mergulhará no oceano da Misericórdia Divina e absorva instantaneamente os nutrientes psíquicos do amor na satisfação de seus anseios de servir e aprender, dia após dia.

Tolerância é hábito. Quanto mais exercitar a compaixão com as faltas alheias e cultivar o sentimento de misericórdia nas relações, mais despertará as forças sutis da bondade.

A bondade é a fonte sublime de energia da alma, em qualquer hora ou circunstância, capaz de preparar você para se tornar o disseminador da pacificação e da harmonia, em favor da lucidez que, muitas vezes, se apaga perante as rajadas da ventania da discórdia ou do julgamento.

Peça ao Senhor da vida para ajudar você a perceber a presença Dele em sua existência, a fim de alcançar a cobiçada condição humana de paz interior.

Prática de autoamor

08

Tiraram, pois, a pedra de onde o defunto jazia. E Jesus, levantando os olhos para cima, disse: Pai, graças te dou, por me haveres ouvido.

João, 11:41

Planeja e sonha com metas e conquistas para o futuro.

Episódios inesperados influem, adiando e interrompendo seus projetos. Mas não se exaspere. Muitas vezes, nesses fatos, a vida está nos testando, considerando as necessidades que virão logo adiante.

Reaja com equilíbrio, continue trabalhando e aplique-se ao dever.

O tempo irá lhe conceder a nota avaliadora em forma de lições e benefícios. Somente então perceberá que o suposto mal de hoje é seu maior bem de amanhã.

Feche os olhos por um instante, pense no valor que Deus lhe confere, sinta em seu coração a voz sublime do Criador inspirando novos caminhos. Suplique a Ele que fortaleça sua fé ante seu momento de incredulidade. Respire pelo coração a energia revigorante do amor que alimenta.

Abra os olhos e diga com convicção: "Obrigado, meu Pai! Obrigado, meu Pai!"

Repita esta experiência de autoamor quantas vezes desejar. Somente quem não se ama é capaz de acreditar que contratempos e dificuldades têm o poder de paralisar sua marcha.

Quem se ama ergue o olhar para além das aparências diante do inesperado, procura entender para quê a vida alterou o curso dos seus sonhos, e, por fim, agradece, dizendo: "Pai, graças vos dou por me suprires no que mais me falta".

Perante desafetos

09

E, se saudardes unicamente os vossos irmãos, que fazeis de mais? Não fazem os publicanos também assim?

Mateus, 5:47

Não fuja daqueles que ainda não aprenderam a irradiar cordialidade e respeito.

Não fuja de quantos se lhe pareçam sisudos e indiferentes.

Não fuja daqueles que magoam gratuitamente.

Não se distancie dos que, decisivamente, não sabem querer bem.

Recorde: são doentes de longo curso que ainda não descobriram a própria doença ou talvez estejam fazendo o que podem para erradicá-la.

Emita o melhor de seus sentimentos por eles e a vida se incumbirá do restante.

Fugir nem sempre significa evitar pelo distanciamento, mas guardar no coração a animosidade crônica ou a aversão destruidora.

Sua atitude leal e sincera, seja no clima da oração ou na irradiação da ternura, poderá auxiliar na busca de novas atitudes.

O amor ao próximo começa na arte de sentir o melhor que puder pelos que cruzam seu caminho.

"Que fazeis de mais?", é a pergunta do Mestre Jesus que ressoa na profundidade da consciência, solicitando amparo, respeito e desprendimento em favor do bem incondicional.

Suavização das dores

10

Respondeu-lhes Jesus: Não está escrito na vossa lei: eu disse: Sois deuses?

João, 10:34

A felicidade integral um dia estará na terra, mas ainda não está, então, até lá, a suavização dos males depende de você.

Ser feliz é a divina aspiração de todo Filho do Criador; para isso, cada criatura precisa trabalhar pela harmonia e pela paz. Antes de tudo, não se esqueça de que a felicidade depende de seu progresso e libertação.

Não permita que sua felicidade seja entregue ou condicionada à transitoriedade dos bens materiais ou às pessoas de sua convivência.

Os bens e as pessoas serão instrumentos de aferição de sua retidão, contudo, a decisão entre vencer ou desistir, realizar ou adiar é de pura responsabilidade pessoal no reino da própria alma.

Acredite em si mesmo, e o poder da misericórdia celeste abençoará seus dias com o melhor e necessário, para que não se desvie do foco, em direção de sua alegria definitiva.

Jamais se esqueça, porém, de que o mais nobre testemunho da crença em si mesmo é fazer a cada dia o melhor que puder, jamais desistindo de persistir ou tentar novamente.

Acredite: sois deuses!

Confiança e fé   11

Tocou então os olhos deles, dizendo:
Seja-vos feito segundo a vossa fé.

Mateus, 9:29

Confie e trabalhe incansavelmente pela solução de seus problemas.

Nas lutas da rotina nunca faltará apoio se você conseguir estender o fio da confiança em direção aos planos superiores da vida, de onde virão as mais nutritivas vibrações de paz, lhe dando força para continuar.

Quem não cultiva a confiança enfraquece a esperança e esperança significa esperar por meio da ação.

Quem confia age incessantemente. Confiar quer dizer fiar com.

Quem confia tece seus dias no clima da vontade sábia e construtiva, e prossegue adiante com uma única, fundamental e transformadora certeza: a de que somente trabalhando a vida se renovará.

A confiança, sem dúvida, é o caminho que nasce dentro de você por seu esforço pessoal. É por ele que a fé virá ao seu encontro, abençoando seus dias com mais paz, alegria e motivação para seguir em frente.

Com fé, seus olhos se abrirão para a riqueza do otimismo, permitindo a contemplação das paisagens embelezadoras da vida em toda a parte, sob o toque curativo de Jesus em seu modo de olhar a vida.

Coragem

12

Posso todas as coisas em Cristo que me fortalece.

Filipenses, 4:13

Você precisa ter coragem para enfrentar a si mesmo perante os embates do cotidiano.

Nenhum problema de fora é tão forte quanto a violenta avalanche de desânimo ou fraqueza, pessimismo ou medo que nascem de sua alma quando você é convocado a superar as crises exteriores.

Antes das batalhas, dialogue consigo mesmo, acalme-se, respire profunda e calmamente, busque a fonte de força maior, que é Deus. Banhe-se na oração e, em seguida, aplique-se ao seu dever.

Tomando esses cuidados, certamente Deus terá, igualmente, melhores possibilidades para cuidar de você.

Prepare-se corajosamente e siga com confiança, mas lembre-se que até mesmo a coragem precisa de clima e condições para se expressar com justiça, equilíbrio e bons resultados.

Comparações 13

Porque a terra por si mesma frutifica, primeiro a erva, depois a espiga, por último o grão cheio na espiga.

Marcos, 4:28

O sofrimento que causa as comparações com esse ou aquele coração tornou-se um mecanismo de desânimo e humilhação para você? Por que você se compara aos outros, subestimando suas próprias qualidades divinas?

O responsável por essa atitude é a falta de amor a si mesmo. Quase sempre isso ocorre por desconhecer sua essência divina, sobre a qual Deus deposita a esperança de glória e bem-aventurança em seus passos.

Descubra-se, seja você e ama-se. Aprenda a gostar de si mesmo como é e medite no valor que tem para Deus. Cada qual, perante a vida, apresenta algo em favor do progresso e da melhoria do mundo. Uns mais, outros menos. Quantidade, porém, não é sinônimo de paz interior imediata.

Mesmo que você não consiga voos de longas distâncias na imaginação acerca de seus valores, pelo menos aceite seus limites e parta, devotadamente, para o desenvolvimento de novos êxitos e habilidades.

A vida abençoará seus caminhos se você souber se desapegar com humildade e alegria das idealizações que consomem suas energias, por conta de desejar fazer ou ser o que o outro faz ou é.

Tudo tem seu tempo. O tempo da semente, o tempo da espiga, o tempo da colheita. Agora é tempo de aprender a gostar de si mesmo e se dar o valor que merece. Faça o melhor que puder.

O que importa em favor do nosso crescimento é trabalhar para ser quem realmente somos; fazer o bem e avançar, dia após dia, na certeza de que temos um valor único para Deus, e de que Ele nos aceita como somos.

O primeiro passo

14

Mas, buscai primeiro o reino de Deus, e a sua justiça, e todas estas coisas vos serão acrescentadas.

Mateus, 6:33

Perante a luz dos conhecimentos espirituais, você se sente compelido à contínua vigilância mental a fim de honrar os compromissos assumidos. Vezes sem conta, porém, irá se defrontar com sentimentos e ideias que lhe causarão incômodos reflexos contrários aos seus ideais.

Lembre-se de que a disciplina é estrada longa a percorrer, e impulsos devem ser superados com persistência e autoperdão.

Sem aceitação, seus tropeços terão maior soma de sombras e efeitos dolorosos.

Na caminhada do autoamor, a compaixão para consigo mesmo é a primeira e mais significativa atitude para obter os melhores frutos de alegria e motivação no aprendizado.

O primeiro passo para a renovação interior é o amor que você consagra a si mesmo, com o qual encontrará o mapa seguro de sua redenção espiritual.

Gratidão

15

E um deles, vendo que estava são,
voltou glorificando a Deus em alta voz.

Lucas, 17:15

Hoje, quando se encontra na sementeira do serviço espiritual, ajustado a vários deveres, você destaca dificuldades na tarefa que antes pareciam não existir.

Vigie o pensamento e lembre-se do seu começo nas lições espirituais nos dias de ontem. Embora carregando dolorosos quadros de provas pessoais, você encontrou no trabalho o conforto, o estímulo e o rumo. Amigos queridos deram apoio e guias invisíveis deram amparo nos momentos de crise.

Lembre-se desse tempo, esqueça os impedimentos de agora e vá adiante, valorizando seu presente.

Recorde que nunca faltou a você o amparo da Misericórdia Divina, e que o ato de se sentir útil, por si só, é a maior bênção a se desfrutar na construção de seu abrigo de paz interior.

Guarde consigo o sublime ensinamento de Jesus, que recomenda sair e semear sem ficar esperando por solos promissores na plantação do amor.

No dicionário da alma, essa atitude tem um nome cuja sonoridade sensibiliza e vivifica: gratidão.

Vigilância preventiva

16

Mas dormindo os homens, veio o seu inimigo, e semeou joio no meio do trigo, e retirou-se.

Mateus, 13:25

Entre os muitos impulsos a vigiar, priorize os cuidados com seu afeto.

Sua lavoura de ternura e amizade, qual trigal exuberante de vida, pode ser atacada pela praga sutil da paixão delirante.

Se você aceitar o transbordamento do afeto para além dos limites do respeito à individualidade, penetrará no terreno minado dos excessos escravizantes.

Paixão dominante, joio da mentira.

Vigie as nascentes do coração e não permita que fantasias alucinantes direcionem você para o desequilíbrio.

Previna-se em prece para que não perca a sobriedade, e defenda-se com a vida mental ativa e sadia contra o sono dominador de suas tendências milenares.

Busque Deus sempre que perceber o fechamento dos padrões mentais e suplique a abertura das portas da emoção superior para que aumente sua força e supra suas carências.

Cuide de si mesmo

17

Não sejais vagarosos no cuidado; sede fervorosos no espírito, servindo ao Senhor.

Romanos, 12:11

Perante o coração repleto de anseios nobres, você se defronta com as sombras que amarguram seu coração. Conflitos e descuidos, lapsos morais e condutas infelizes subtraem o vigor do idealismo renovador em você.

Atente, nessa hora, para o ritmo natural que deve impor às suas mudanças interiores. O ato de evoluir não se faz em saltos repentinos e gloriosos. Passo a passo, busque sua melhora. Dia após dia, aprenda a conviver pacificamente com suas imperfeições.

O desgosto consigo mesmo deve ser apenas estímulo para a autoavaliação e a correção e não uma atitude crônica de punição e insatisfação.

Na hora das falhas lastimáveis, que gostaria que não fizessem mais parte de sua vida, recorda Pedro perante o aprendizado no episódio da negação ao Mestre Jesus. Apesar da queda, o apóstolo se recompôs e serviu até os últimos instantes de sua vida, porque entendeu a lição do autoamor e do autoperdão.

Acredite na força imbatível da sua sinceridade e aceite com amorosidade as faltas que você ainda não conseguiu vencer.

Sob máscaras 18

Ai de vós, escribas e fariseus, hipócritas! Pois que sois semelhantes aos sepulcros caiados, que por fora realmente parecem formosos, mas interiormente estão cheios de ossos de mortos e de toda a imundícia.

Mateus, 23:27

Por que você se mantém sob máscaras comportamentais e afetivas, se no íntimo carrega aflições e angústias que atormentam sua existência?

Qual o motivo desses esconderijos emocionais, nas suas relações, que não aliviam sua caminhada?

Procure quem possa ouvir e amparar; eleja alguém que seja realmente confiável e confesse seus conflitos, rogando ajuda e apoio.

A superação da vergonha é porta que se abre para a entrada da humildade; e humildade é noção lúcida do que você consegue ou não, dilatando a visão de seus reais limites.

A lei da cooperação é a expressão do amor universal, fora da qual é difícil viver com segurança, plenitude e saúde integral.

Seja humilde, suplique auxílio, e logo perceberá os resultados em sua própria intimidade. Viva uma vida mais realista, cheia de otimismo e com desejo de sonhar um amanhã melhor e mais autêntico.

Lembranças 19

Jesus, porém, disse-lhe: Segue-me,
e deixa os mortos sepultar os seus mortos.

Mateus, 8:22

Ninguém passa uma existência somente de más recordações.

Ao adotar sempre as lembranças dolorosas, você carrega um peso inútil para a vida, que o aprisiona em franca ação de desamor para consigo mesmo.

A fixação no lado ruim das coisas, de todos e de tudo, é uma questão de escolha mental que você pode alterar, sob a tutela da vontade e do esforço, da oração e do entendimento elevado.

Quando se lembrar dos lances infelizes, vasculhe a memória em busca dos momentos de ternura e alegria. Rememore os instantes de êxito e paz que já viveu ao lado daqueles que hoje classifica como ofensores do seu caminho. Procure o tesouro da amizade e do afeto em meio aos pedregulhos do desrespeito e das decisões infelizes.

Se escolher viver conforme as regras do sucesso, deverá, o quanto antes, exercitar a sintonia com o presente;

ter sempre como meta um futuro mais promissor; e optar sempre pelas boas e melhores mentalizações em seus dias.

Exercite essas dicas de autoamor e você sentirá a leveza de quem quer deixar para trás o peso de tudo o que não terá utilidade nos momentos de agora.

Siga seus dias, e a memória mental se encarregará de arquivar aquilo que necessita ser transformado para que você cumpra seu destino glorioso, livre das algemas do passado.

Seus horários 20

E ele disse-lhes: Vinde vós, aqui à parte, a um lugar deserto, e repousai um pouco. Porque havia muitos que iam e vinham, e não tinham tempo para comer.

Marcos, 6:31

A disciplina com o tempo é valorosa medida de melhor aproveitamento espiritual. Busque disciplinar, portanto, seus horários para que você sempre tenha momentos para seus cuidados de autoamor.

Uma prece de refazimento, uma harmonização no ritmo mental, a alimentação com calma, uma conversa com cuidados verbais, um cumprimento mais atencioso, uma generosidade para com seu corpo, um instante para a leitura elevada, um minuto para resolver algo que importuna sua consciência.

São muitos os pequenos cuidados de amor para consigo mesmo, para os quais deve sempre ter um horário na sua apertada agenda de cada dia.

Por mais importante que seja tudo em sua vida, nada é mais significativo que usar o tempo como aliado de suas metas e alavanca para suas realizações.

Severidade consigo mesmo

21

Mas, sobretudo, tende ardente amor uns para com os outros; porque o amor cobrirá a multidão de pecados.

Pedro, 4:8

O Universo é regido pelo princípio da bondade e da misericórdia.

A lei da vida para o progresso é a cooperação em quaisquer circunstâncias e reinos[1].

Tudo é expressão do Amor Divino na criação.

Se esta é a direção natural, por que você se pune severamente perante seus enganos?

Se errou, em verdade, nem a título de generosidade o mal pode ser abonado; todavia, a autopunição não ajudará a refazer o caminho.

Erro, correção e recomeço são ações previsíveis na evolução humana.

Faça o melhor que puder, mas, quando surgir a falta, arrependa-se com sinceridade, implore em sentida prece

---

1 *O livro dos espíritos* - capítulo 11 - Allan Kardec - FEB Editora.

o perdão da vida e a repare com humildade e disposição de avançar.

Autoamor é uma força capaz de acionar mecanismos de amparo e solução que você jamais imaginou que pudessem abençoar seu caminho, diante do volume da sua ansiedade na reconstrução de sua trajetória.

Ame-se e suas sombras serão iluminadas pelo clarão bendito do trabalho, do tempo e da sensação de que você pode e deve aceitar um futuro melhor.

Indulgência na alma

2 2

Olhai por vós mesmos, para que não percamos o que temos ganho, antes recebamos o inteiro galardão.

II João, 1:8

Como ser indulgente com imperfeições que você não admite nem sequer a si mesmo?

Admitir para si os desejos mais secretos, os sentimentos mais profundos e os pensamentos mais inconfessáveis é caminho para o autoconhecimento e a indulgência.

Olhe para suas sombras[2] secretas como uma promissora gleba de amor na qual plantará as sementes viçosas para a futura colheita de frutos do bem.

Não existe nada em você que não seja de Deus. Ilumine seu olhar e acolha-se com ternura. Isso é indulgência para consigo mesmo.

Diga: Eu sou luz! Eu sou paz! Eu sou filho de Deus!

---

[2] "Sombra - É a parte da personalidade que é por nós negada ou desconhecida, cujos conteúdos são incompatíveis com a conduta consciente." - Trecho extraído da obra *Psicologia e Espiritualidade*, do escritor espírita e psicólogo Adenáuer Novaes.

Agora sinta o halo luminoso da Compaixão de Deus, e receba o apoio e incentivo para sempre.

Diga: Eu me amo! Eu me amo! Eu me amo! Eu mereço o galardão de ser feliz.

Alvo divino

Prossigo para o alvo, pelo prêmio da soberana vocação de Deus em Cristo Jesus.

Filipenses, 3:14

O serviço de edificação espiritual é de competência individual. As etapas nesse sentido objetivam-se em descobrir o alvo, entender-lhe o caminho e trabalhar por sua conquista.

Concentre seus mais valorosos esforços e prossiga em busca daquilo que a Divina Inspiração lhe fala na intimidade. Quanto mais você se aproximar do seu programa pessoal, organizado para sua reencarnação, mais entenderá as fontes de forças ocultas do seu coração em retumbante manifestação de fé, como guia para aquilo que pode chamar de Convite Celeste do Pai ao filho. Só assim você poderá alcançar a redenção gloriosa no rumo da perfeição.

Peça a Deus que fortaleça seu discernimento quando estiver distanciado do Alvo Divino e tenha coragem para corrigir o rumo, retomando a caminhada com amor, passo a passo, na senda promissora que conduzirá você à instauração do estado de paz em seu coração.

Subamos o monte

24

[...] vendo a multidão, subiu a um monte [...]

Mateus, 5:1

Quantas são as ocasiões da experiência diária nas quais você poderia seguir o gesto do Mestre?

Para sermos entendidos e alcançar elevados objetivos junto aos que nos cercam, devemos aprimorar nossa postura íntima, no sentido de permanecermos acima das cogitações comuns da multidão envolvida em problemas enraizados nos campos da mente.

A precipitação, o verbo leviano, o pessimismo, o desânimo e a intransigência são armas destruidoras das melhores colheitas que você poderia obter junto aos círculos de atuação pessoal, em razão de destacar o mal, permanecendo no nível da maioria.

Estar no monte é ter uma visão ampliada para a vida, enaltecer a participação Divina em tudo, glorificar os fatos entendendolhes a lição.

Quem está no monte enxerga melhor e pode ajuizar com mais precisão sobre a amplitude das necessidades imperiosas que surgem como apelos, facilmente captados pela via sagrada da intuição em nome do amor e da cooperação.

Pétalas viçosas 25

*E, levantando-se, foi para seu pai; e,
quando ainda estava longe, viu-o seu pai,
e se moveu de íntima compaixão e,
correndo, lançou-se-lhe ao pescoço e o beijou.*

Lucas, 15:20

Somente a força do amor é capaz de erguer e reerguer o homem no seu trajeto de ascensão espiritual. Recriminação e censura, exigência e crítica são pesos adicionais para quantos já carregam em si as algemas morais dos desajustes íntimos.

Como criatura comum, ainda distante das sublimes virtudes celestes, seu projeto educativo não poderá dispensar a bênção da compaixão.

O filho pródigo das letras evangélicas, levantando-se, tomou a iniciativa, teve a postura de retomar sua senda libertadora e foi para seu pai. E o pai, quando ele ainda estava longe da condição ideal para a liberdade definitiva, ao vê-lo, não poupou misericórdia e ternura.

Na condição de alma cansada, você só encontrará acolhimento e motivação quando envolvido no amorável perfume da bondade sem limites.

Em face desse ensinamento, jamais esqueça que, se essa é a regra divina para conosco, utilizemo-la, igualmente, para com nosso semelhante.

Usar o adubo da tolerância incondicional: eis o segredo das pétalas viçosas que embelezam o canteiro da fraternidade.

Missão pessoal 26

*De maneira que cada um de nós
dará conta de si mesmo a Deus.*

Romanos, 14:12

A vida nos situará junto aos conjuntos sociais apropriados ao nosso burilamento espiritual. Esbarraremos sempre nos limites alheios, que nos farão conhecer melhor nossas possibilidades e deficiências particulares.

Cada lição no caminho dessa socialização será manancial em favor da incansável aventura do autodescobrimento.

Mesmo ajustado a diversas fileiras de aperfeiçoamento em sociedade, o ato de prestar contas será pessoal perante os avisos da consciência.

A participação nas obras comunitárias não exime a fidelidade à missão pessoal, única e intransferível tarefa de expressar a singularidade nobres adormecida em sua intimidade.

Por isso, muitos ajustes e desajustes que cercam os campos produtivos do trabalho de aprimoramento interior nem sempre traduzem intransigência, ou personalismo, mas necessidades profundas da alma na busca de sua direção particular, no esforço de cumprimento da conta pessoal.

Tribulações educativas 27

Sabendo que a tribulação produz fortaleza.

Romanos, 5:3

Caminha pelo mundo uma vasta multidão de loucos, aparentemente pacíficos, alinhados por fora e atormentados por dentro. Sorriem para driblar a insatisfação. Sobrevivem sem perceber o quanto entorpecem as operações da sua vida mental a caminho do desequilíbrio e da ação relapsa.

Apresentam-se felizes para o mundo no intuito de esconder a tormenta interior, preservando as aparências para se beneficiarem das vantagens da vida social. Na intimidade não sabem prever até quando darão conta de semelhante insanidade controlada.

Se você não deseja fazer parte desse estado de perturbação, comece ainda hoje a construir, em sua intimidade, o legítimo sentimento de renovação dos seus hábitos e de sua conduta.

Se você anseia sinceramente a vitória, seja vigilante com relação a seus esforços na edificação do bem. Você será defrontado continuamente pelos exames no caminho de aperfeiçoamento.

Por meio dos testemunhos nas dificuldades você encontrará a fortaleza e a edificação de seus sublimes ideais.

Persistam um tanto mais

28

[...] não vim trazer paz, mas espada.

Mateus, 10:34

É justo que você anseie por condições melhores para o exercício do bem. Elas, porém, serão o fruto merecido das lutas de cada dia, de cada batalha superada em esforços continuados que aperfeiçoam os valores do espírito para a conquista definitiva da liberdade.

Nas crises, de fora e de dentro, é que você encontrará as abençoadas ocasiões para vencer os velhos inimigos da alma.

Muitos, infelizmente, desistem sob o golpe das contrariedades, dos aborrecimentos, dos impedimentos inesperados, das infelicitações no lar, das alterações de humor. Nesses momentos se espera a solidariedade, perseverança e tenacidade de suas ações.

Mesmo sendo doloroso, honre as crises e os conflitos com a atitude límpida e firme.

Prossiga sempre confiante e, quando surgirem pressões decisivas, dinamize todas as forças íntimas na busca da paz, e não se esqueça de que é preciso a decisão de persistir um tanto mais.

Aferições 29

E, estando Jesus assentado defronte da arca do tesouro,
observava a maneira como a multidão
lançava o dinheiro na arca do tesouro. [...]

Marcos, 12:41

Jesus, representado pelos vigilantes anjos da guarda, está sempre defronte da arca do tesouro de suas experiências, procedendo à atenta e minuciosa aferição de suas ofertas diante os mecanismos provacionais da vida.

O Mestre disponibiliza os créditos de motivação a quantos consigam se destacar da multidão em atos de maturidade e renúncia, abnegação e trabalho pela edificação do reinado do bem.

Cumpra os deveres espirituais com amor, ainda que com sacrifícios.

Dedique-se ao trabalho, independente dos convites da preguiça.

Vença os impedimentos, apesar de precisar de apoio.

Seja resignado diante da escassez, embora tenha anseios e sonhos.

As aferições são de todos os instantes e de todos os dias. O somatório do bem realizado, tanto quanto do mal evitado, vai compor o aproveitamento pessoal na prova final do desencarne, quando receber de sua consciência a nota pela qual será conhecido na vida imortal.

Compromisso e priorização

30

E, vendo de longe uma figueira que tinha folhas, foi ver se nela acharia alguma coisa; e chegando a ela, não achou senão folhas, porque não era tempo de figos.

Marcos, 11:13

Frutificar, independentemente de ocasiões e condições, é o traço de quem edificou a adesão sincera ao aprendizado das lições da alma por meio do comprometimento íntimo de melhoria.

Em tempos desafiantes de ilusão e descuido, a virtude do comprometimento torna-se fator essencial de êxito a quaisquer empreendimentos espirituais.

Vigie suas horas, adaptando-as aos deveres nobres, ao estudo enriquecedor, à diversão educativa, ao trabalho do amor e à cooperação comunitária.

Você, que assumiu o compromisso de avançar, guarde a consciência plena dos obstáculos que surgirão. Assegure-se de apresentar, nos instantes da convocação ao bem, o fruto desejável no campo interior, priorizando a fidelidade à consciência em qualquer tempo.

Você terá, assim, o acréscimo daquilo que lhe falta para a aquisição da paz.

Na produção do bem [31]

E, atemorizado, escondi na terra o teu talento;
aqui tens o que é teu.

Mateus, 25:25

O temor do servo da Parábola dos Talentos é o desafio à sua capacidade de discernir o limite entre a prudência e o medo de errar.

O zelo é uma virtude, contudo, quando excedido, toma a feição de perfeccionismo, retardando a utilização do potencial de que dispõe para realizar e servir. Muitas vezes, por zelo exagerado cava-se talhos profundos como se fossem cofres de segurança e enterra-se talentos, resguardando-os para usá-los na hora do acerto.

A ampliação do campo de serviço que a vida lhe entregou solicita coragem, disposição de servir e desejo sincero da compreensão. Tais valores da alma exigem também que você entre no campo dos sacrifícios e da fé incondicional.

Admiráveis são as pessoas que quando se apropriam da prudência a utilizam para fazer uso correto e consciencioso dos talentos a elas confiados; mas não menos admiráveis são aquelas que, ainda não possuindo discernimento o bastante para definir com zelo os melhores rumos a seguir, entregam-se ao trabalho com honestidade e confiança. Felizes os que utilizam o talento com retidão de consciência e convicção idealista em favor da edificação de círculos produtivos na expansão do bem para quantos puder.

Teia da solidariedade

3 2

*Para que a tua esmola seja dada em secreto;
e teu Pai, que vê em secreto, ele mesmo
te recompensará publicamente.*

Mateus, 6:4

Você sabe que pode contar com Deus quando precisar. Isso, no entanto, não dispensa sua colaboração ativa e consciente nos passos de cada dia, a fim de que alcance as metas que acalentam seus sonhos de progresso.

Que dizer da planta tenra que suplica apoio para o crescimento, mantendo-se agarrada ao manto escuro da terra? Sem esforço de buscar o sol e a vida, ela não frutificará.

Deus é luz e calor, fonte sublime de energia e alimento para a alma.

Se você procura melhorar-se, expulse o manto ilusório da expectativa de receber tudo da vida porque oferece pequenas migalhas de cooperação e benefícios materiais a quem quer que seja.

Deus não é negociante. Deus é Pai amoroso, consciente e educador.

Se você quer usufruir da complacência do Criador, entenda melhor Suas sábias e justas leis. Evite o contágio do interesse pernicioso que tudo quer, em troca de pequenos movimentos de solidariedade calculada.

Doe-se sem esperar nada em troca. Doe, porque é bom se sentir útil, doe para somar na teia solidária do universo na qual você deve colaborar na condição de dispensador de bênçãos e alegrias em favor do bem.

Mensagens do inconsciente

33

Porque não há coisa oculta que não haja de manifestar-se,
nem escondida que não haja de saber-se e vir à luz.

Lucas, 8:17

Inesperados e confusos estados íntimos surgem na sua alma? A indecisão e o desânimo estão oprimindo você? Mesmo quando você aplica a sonda dos raciocínios, a fim de entender o que se passa, não consegue uma conclusão que lhe permita sair de tal quadro?

Tudo isso é o desajuste do sentimento. Pode surgir e desaparecer das mais variadas formas. São estados dos quais pouco se pode dizer com certezas absolutas. Manifestam-se de acordo com os acontecimentos ou surgem inesperadamente como se fossem uma personalidade intrusa e alheia à vontade.

A dor das emoções são recados do que está oculto e necessita vir à luz das profundezas do inconsciente.

Em todos os tempos, dois remédios constituem antídotos eficazes na recuperação da harmonia nesses momentos inesperados das perturbações emocionais passageiras: o trabalho e a oração.

Entregue-se à prece e, em seguida, recorra à ocupação útil.

Diante da luz que se faz, as sombras interiores desaparecem; são iluminadas pelo clarão que vem das profundezas da alma a suplicar atividade de conciliação interior, participação social e realização nas esferas do dever ou na contribuição para o bem comum.

Perfeccionismo 34

E ele disse: o que usou de misericórdia para com ele.
Disse, pois, Jesus: Vai, e faze da mesma maneira.

Lucas, 10:37

A mania de perfeição é algo mais presente nas atitudes humanas do que se pode imaginar.

Quando não conseguimos executar a conduta ideal, o perfeccionismo nos chama de falso. Quando não atingimos as expectativas em relação ao nosso ganho material, o perfeccionismo nos nomeia de acomodado.

Se nos descuidamos do dever e esquecemos uma obrigação, o perfeccionismo nos aprisiona na culpa.

Quando ferimos alguém ou depreciamos algo pela palavra, o perfeccionismo nos acusa de caluniador.

Se algo acontece de ruim em relação aos nossos laços familiares, o perfeccionismo nos recrimina com o rótulo de irresponsável.

Se você deseja sinceramente cumprir com suas responsabilidades da melhor forma possível, previna-se contra o perfeccionismo.

Ele é uma doença da alma querendo que você seja alguém para o qual não teve preparo, ou ser quem os outros querem que você seja.

Faça o melhor que puder hoje e aceite sua condição, seu limite, sua imperfeição.

Aceite que você é o melhor que consegue ser e procure avançar sem saltos ou agressões que machuca e nos tiram as forças.

Seja misericordioso consigo mesmo e tudo será oportunidade, crescimento e lição.

Perante os erros, assuma a sua parcela real de responsabilidade, perdoe-se por ter feito da forma como fez e considere o futuro como um convite esperançoso de que amanhã fará mais e melhor tudo aquilo que hoje você não consegue.

Acredite em sua luz

35

Vê, pois, que a luz que em ti há não seja trevas.

Lucas, 11:35

Você se recrimina com rigor diante das atitudes dissociadas da conduta cristã. Acusa-se, infelicita-se com sentimento de culpa e castiga o seu íntimo com severas repreensões.

Tenha piedade de si mesmo. Nos instantes do erro acalme-se na oração, desvencilhe-se das más recordações e perdoe-se!

Dimensione seus valores e fuja do perfeccionismo nocivo e de dilatado ônus para sua caminhada.

Pare de se punir, quando o que a misericórdia da Lei Divina aguarda de você é o serviço da reparação.

Enquanto pune, adia.

Tolerando-se, caminha.

Amando-se, reparará no futuro.

Nossos valores são a única referência que interessa ao nosso bem, quando a sombra dos enganos e dos erros nos situarem no tribunal da consciência.

Acredite nos seus valores, conceda-se nova chance e recomece fazendo melhor que ontem, em clima genuíno de esperança, renovando suas energias e reparando seus caminhos.

Paz na alma 36

Deixo-vos a paz, a minha paz vos dou;
não vo-la dou como o mundo a dá.

João, 14:27

Na busca de progresso em sua vida pessoal há uma pequena e singela regra que você deve seguir: a vida só melhora à medida que você melhora a si mesmo perante a vida.

Esforce-se para superar a ilusão do comodismo que nos inclina a querer as bênçãos da vida por meio de circunstâncias mágicas ou por fórmulas imediatistas de felicidade fugaz.

Evite as fugas e os adiamentos. Resolva agora o que puder.Assuma, o quanto antes, o que consegue.

Construa seu destino, essa é a única regra consistente e segura de aquisição do verdadeiro sucesso acompanhado de júbilo interior.

O mérito dessa construção inclui elevada soma de esforço pessoal, e você conseguirá isso se passar pela escola do sacrifício, da persistência e da coragem de cumprir o seu dever.

Ame a si mesmo adotando esse desafio. Melhore sua vida pelo esforço correto, e as leis naturais responderão em seu favor na hora certa, trazendo-lhe a alegria e paz na alma.

Respeite sua doença

37

E curai os enfermos que nela houver, e dizei-lhes:
É chegado a vós o reino de Deus.

Lucas, 10:9

Queixas, lamentações e raiva perante suas doenças são reações que tendem a piorá-las.

Mesmo entre dores ou com perspectivas desanimadoras sobre seu futuro corporal, adote sempre o otimismo e o amor em relação a sua doença.

Elas são sempre sinais físicos de mudanças espirituais em pleno andamento.

Respeite-as, mesmo sob o peso do sofrimento. Procure, no silêncio da meditação, entender a finalidade da enfermidade. Converse com suas células e ouça na acústica da alma a mensagem sutil e ignorada por você acerca de suas mais profundas e reais necessidades de renovação.

A enfermidade é, para o enfermo, o aviso ou alerta, a censura ou a corrigenda.

Busque o médico dos homens e suplique alívio a Deus, e o amparo não lhe faltará.

A enfermidade passará, e a libertação surgirá quando o enfermo aplicar esses ensinamentos.

Amor ao próximo

38

> *E o segundo, semelhante a este, é: amarás o teu próximo como a ti mesmo.*
>
> Mateus, 22:39

Aprendendo a estar bem consigo mesmo, você também conseguirá ser luminosa oferenda para aqueles que permeiam seu caminho de aprendizado.

Mas como entregar o melhor de si no amor ao próximo, se você não se aceita nas batalhas do aperfeiçoamento? Como tecer o manto luminoso da amizade com os outros sem que aprenda a cuidar com desvelo e afeto de suas próprias carências e dores?

Visite sua intimidade, procure compreender os refúgios de suas inclinações sem recriminações ou culpas. Olhe para si mesmo, dê-se o tempo necessário para as correções, aprimore sua alma com afeto e paciência, qual artista ante o bloco de pedra bruta do qual retira a estátua que embelezará os olhares da humanidade.

Deus, que nos criou, rege a natureza dessa forma. Por que adotar a intransigência para consigo mesmo? Você não é a mais sublime obra do Pai?

Ame o seu próximo como a si mesmo.

O segredo da felicidade

39

Propôs-lhes outra parábola, dizendo: o reino dos céus é semelhante ao homem que semeia a boa semente no seu campo.

Mateus, 13:24

O homem peregrina pelos tempos em busca da felicidade.

Não a encontrando, afunda-se na ilusão e transfere para o prazer fugaz sua concepção primária do que é ser feliz. Não tendo o estado de plenitude que anseia, deprime-se, revolta-se e dirige-se para o caminho da dor pelos atalhos da fuga e da irresponsabilidade.

Outras vezes, espera que Deus, nos roteiros da religião, lhe entregue a alegria tão esperada em uma bandeja dourada, sem esforços ou sacrifícios, resolvendo-lhe os problemas da existência.

Não se engane ante a luz meridiana da Verdade em sua consciência. Você sabe que a vida é aquilo que dela fazemos.

Inicie sua obra de paz na intimidade. Comece refletindo com mais sabedoria no teor de suas escolhas perante a vida. Não transfira sua cota de responsabilidade nos acontecimentos que cercam seus passos.

Felicidade é construção individual; não se esqueça jamais de que ela começa e acaba em você mesmo.

Capas ilusórias 40

E ele, lançando de si a sua capa,
levantou-se, e foi ter com Jesus.

Marcos, 10:50

Esconder-se por detrás de velhas máscaras morais procurando abrigar-se das intempéries da vergonha e do descrédito não fará com que se sinta melhor porque estará em fuga de si mesmo.

Você pode convencer o mundo naquilo que quer que o mundo acredite, porém, na solidão do encontro consigo mesmo, reflete no espelho da consciência a imagem que não gostaria de ver.

Fugir é adiar!

O simples ato de reconhecer suas imperfeições ou impulsos menos dignos já lhe trará alívio e forças novas. Reconhecer não significa assumir, e sim olhar para si com compaixão e aceitação.

Reconhecer, respeitar e escolher são as atitudes benfeitoras com as quais você iluminará as sombras mais secretas na esfera da vida pessoal.

Jogue fora as máscaras ilusórias da autoimagem que amarguram e pesam a sua estrutura mental. Aprenda a conciliar-se com a sua parte que ainda não aprendeu a amar. Uma nova e mais promissora experiência vai se abrir a seus olhos, convidando a seguir o mapa que leva até Deus para sua ascensão e glória no rumo da harmonia sem limites.

Sem olhar pra trás

41

E Jesus lhe disse: Ninguém que lança mão do arado e olha para trás é apto para o reino de Deus.

Lucas, 9:62

Você aspira por conquistar o estado de felicidade. Devota ao bem horas de cooperação e esclarecimento nas tarefas da espiritualização.

Vem, porém, o momento no qual, sorrateiramente, o desânimo procura seus pensamentos, e usa o desculpismo como fuga. As doenças e mal-estar, imprevistos e mal-entendidos apavoram-lhe, além de vigoroso sentimento de inutilidade.

É nesse momento que a vigilância se faz inadiável e oportuna.

O idealismo espiritual é tarefa de longo prazo, e só brilhará com toda sua plenitude quando você consolidar valores novos nas trilhas da fé e da razão iluminada. Até então, mesmo aspirando pelas trilhas libertadoras, carregará o compromisso necessário de transformar as correntes pesadas do passado em experiências de reparação e crescimento pessoal.

Mantenha-se firme nas lutas. Vença os obstáculos que surgem sem abrir mão do seu dever.

Ninguém que lança mão do arado fica órfão do essencial para lavrar uma sementeira produtiva e viçosa, desde que avance olhando para frente e acreditando na bondade de Deus, que a todos espera no trabalho honesto do recomeço.

Climas pessimistas

E Jesus disse-lhe: Se tu podes crer,
tudo é possível ao que crê.

Marcos, 9:23

Fatos inesperados abatem-se sobre seus lugares de convivência, aprendizado e trabalho.

Você sente amargura quanto aos desfechos. Instala-se o clima do pessimismo. Comentários e notícias intensificam a gravidade dos acontecimentos, irritando você um tanto mais.

Guarde-se confiante e proteja-se dos excessos emocionais nos desafios de crescimento.

A vida costuma mudar o rumo dos acontecimentos, prevendo necessidades de seu futuro que, por agora, você não consegue perceber. Nesses cenários repentinos de mudança de curso, quase sempre, nada daquilo que você espera chega a acontecer.

Respire o ar puro, acalme a mente e não se deixe aprisionar pelo negativismo do mundo que apenas aguarda um clima propício para contaminar e abater seu ânimo.

Se você fez o melhor diante dos acontecimentos, aceite os chamados inesperados da prova e avance com destemor. Aguarde a esperança do melhor, conforme a vontade do Pai.

Se fugir o quanto antes das garras do pessimismo você entenderá melhor os exames do agora.

Leitos educativos

43

E, não podendo aproximar-se dele, por causa da multidão, descobriram o telhado onde estava, e, fazendo um buraco, baixaram o leito em que jazia o paralítico.

Marcos, 2:4

O corpo físico é seu leito de recuperação na enfermaria da alma. Sob os clamores de suas necessidades, absorverá os corretivos necessários na esfera das conquistas intransferíveis.

Aceite as propostas aferidoras, por mais ásperas e torturantes que lhe possam parecer, e prossiga confiante na cura de suas dores físicas.

Aquele paralítico de Cafarnaum acreditou, buscou apoio, conseguiu o inusitado, superou o que parecia impossível e, ao estar com Jesus, recebeu a cura esperada, dominando completamente o leito disciplinador de suas dores.

Dor física, indício de necessidade espiritual.

Examine sua consciência, agradeça pelo leito acolhedor que restaura suas forças corporais, instale em seu coração o desejo da melhora e, o mais importante, proponha-se mudanças efetivas e estimuladoras que farão de sua existência um hino de louvor à saúde e ao bem-estar de si mesmo e dos que lhe compartilham a caminhada.

Ofereça seu leito de dor ao Pai, mentalize a alegria e o bem, e vencerás.

Calma 44

E não somente isto, mas também nos gloriamos nas tribulações; sabendo que a tribulação produz a paciência.

Romanos, 5:3

A rotina impõe diversas formas de avaliar suas reações.

A calma nos momentos de avaliação é sua defesa, a fim de que perceba qual a saída mais harmonizada com suas aspirações de agir no bem.

Em tempo algum a irritação será para você uma providência de bons resultados, podendo se transformar em elemento complicador em seus exames de conduta. Um momento de perturbação pode colocar toda uma vida em risco, arruinar relações e alterar o rumo do destino para caminhos distantes de suas necessidades mais profundas.

A irritação afasta a alma daquilo que ela mais busca.

Por mais que os testes pressionem ao desequilíbrio, improvise reações incomuns para sua saúde espiritual não ser agredida pelo vírus do mau humor, do remorso e do agravamento de suas provas.

Calma é prova de inteligência espiritual. Se você se candidatar a experimentá-la, terá motivos de sobra para se alegrar consigo mesmo e transformará suas tribulações em degraus de progresso e crescimento na direção da serenidade.

Estados emocionais

45

*Bem-aventurados os limpos de coração,
porque eles verão a Deus.*

Mateus, 5:8

A vida terá a coloração de seus estados emocionais, respondendo com a felicidade ou a tormenta, conforme suas escolhas diante dos testes da vida.

Você está abatido diante das derrotas? Repouse um pouco, refaça suas energias e depois, harmoniosamente, pense nas lições que a vida lhe entrega nas dores do fracasso.

Encontra-se indeciso perante as opções que surgem no seu caminho? Reflita, avalie os sinais da vida, ore e decida. Mas assuma as responsabilidades sobre a decisão que tomar, pois ninguém está isento de errar.

Sente-se decepcionado pelas ocorrências inesperadas? Reaja procurando entender com otimismo que algo de muito melhor virá no futuro, se souber entender o recado que a vida lhe envia no agora.

A raiva assaltou o seu coração diante de uma perda ou ofensa dolorosa? Considere que por trás de toda lesão existe um testemunho para o qual a vida conclama em favor de seu aprendizado.

Olhe com bondade para suas emoções diante dos acontecimentos de sua vida. Sem censura, reconheça-as, aceite-as e estabeleça consigo mesmo um clima de conciliação renovadora.

A sensação de fracasso, a indecisão, a decepção e a raiva são manifestações da vida interior, que guardam, em cada circunstância, mensagens profundas e variadas em favor de seu futuro.

Medite e você perceberá, com critério, que todas elas se destinam a fortalecê-lo, a evitar deslizes, a aprimorar suas potencialidades e a limpar seu coração para seu próprio bem.

Perante o mal, 46
sempre o bem

*Não te deixes vencer do mal,
mas vence o mal com o bem.*

Romanos, 12:21

Poucos passam pela vida sem ser envolvido pelas sombras espessas do mal. Em qualquer circunstância, porém, recorde que a sombra só pode ser diluída sob a força expressiva da luz que espalha o bem.

Revidar ofensas ou vingar a lesão que o feriu é o mesmo que atirar combustível inflamável em fogo ardente.

Correntes vigorosas de energias se formam em torno das ações maléficas, contaminando e intoxicando quem as absorve.

Decerto, ante os golpes ferinos da crueldade ou do desrespeito, pensará em justiça e ressarcimento.

Reflita na sabedoria da árvore do sândalo, que sob o golpe da lâmina perfuma o ambiente sem reclamar.

Prudência e esperança, desprendimento e compaixão, em muitas situações, são escolhas conscientes de quem não quer alongar os efeitos do mal em si mesmo.

Ainda que apele por justiça, proteja-se, na intimidade, contra as armadilhas do mal, que podem aprisioná-lo nas frias masmorras do ódio e da descrença, arruinando seus dias com mais aflições e fel.

Tenha a coragem de acender a luz do amor e busque em Deus as forças que lhe faltam.

Arrependimento e remorso 47

Produzi, pois, frutos dignos de arrependimento.

Mateus, 3:8

É preciso livrar-se dos momentos de descuido e das decisões infelizes que trazem arrependimento ao coração.

Muitas vezes você terá de palmilhar longa estrada de reerguimento que vai exigir de você vasta cota de trabalho e paciência no recomeço.

Neste momento, vigie para não se enredar no remorso improdutivo, no qual permanecerá remoendo feridas e recordações sem avançar no rumo do amanhã libertador.

Considere que o arrependimento é o sentimento com o qual a vida interior leva você a reavaliar o passado, visando a um futuro com mais sabedoria e cuidado.

O remorso aprisiona. O arrependimento motiva.

O remorso subtrai a inteligência. O arrependimento ilumina as alternativas de reconstrução.

Vigie sua jornada de recuperação, a fim de não aceitar que o desânimo abrace seu estado de arrependimento, levando você à ociosidade e ao vício.

Os frutos dignos do arrependimento são obra divina de redenção e estabelecem, na alma, a força de continuar e persistir onde muitos desistem e se acomodam.

Procure fazer o mesmo. Você pode!

Sorriso mental 48

Pedi, e dar-se-vos-á; buscai, e encontrareis;
batei, e abrir-se-vos-á.

Mateus, 7:7

Hoje, talvez, você possa até estar abatido pelo pessimismo ou pela dor, e adota, assim, penoso retraimento íntimo em reclusão psicológica do mundo.

Nesse instante de dor interior, você assevera sobre o desgosto de conviver e trabalhar, emudecendo as palavras de alegria e impedindo suas manifestações de felicidade.

Aceite seus sentimentos e acolha seu estado com pleno reconhecimento de seu cansaço ou decepção. Não se cobre por sentir algo que imagina não ser justo ou que não deveria se permitir sentir.

O sorriso é o movimento mental de abertura para a vida e a mensagem altaneira de aceitação. O sorriso promove a energia do amor em torno de seus passos. Ele começa na mente ao abrigar você no terno manto da bondade para consigo mesmo.

Abra um largo sorriso mental para se acolher com ternura e compaixão e perceberá que, imediatamente, abrirá igualmente um largo sorriso nos lábios, refletindo seu clima espiritual, como sinal evidente de que a fé trouxe sossego e reequilíbrio ao seu coração.

Lembre-se dos ensinamentos do Mestre Jesus: "Buscai, e encontrareis."

Projeções

4 9

Ou como dirás a teu irmão: Deixa-me tirar o argueiro
do teu olho, estando uma trave no teu?

Mateus, 7:4

Projete na vida aquilo que você tem na intimidade.

Evite, assim, acusar ou repreender severamente os que convivem com você.

Se, realmente, alguém necessitar de corretivo, aplique-o com doçura e elegância moral em seu próprio favor, a fim de preservar seu equilíbrio.

Fazendo assim atingirás metas com muito mais alegria e sucesso, mantendo sua sombra pessoal sob a tutela amorosa e terna da sua luz interior, distante da rispidez, da mágoa e da culpa.

Reprimendas e críticas, lamentações e queixas em relação aos outros são pesados fardos que você coloca sobre os próprios ombros.

Experimente dizer: Eu sou livre! Solto toda contrariedade e rancor para que a vida abundante me conforte e me eleve. Eu sou livre! Livre para amar! Livre para amparar sem querer resolver o que não me pertence! Livre eu sou!

Por quem você orou hoje?

50

E, despedida a multidão, subiu ao monte para orar, à parte. E, chegada já a tarde, estava ali só.

Mateus, 14:23

Passa o dia e você se lembra de inúmeras pessoas em sua mente. Parentes, vizinhos, colegas, amigos da solidariedade, o desconhecido no noticiário comum, aquele que o aborda na via pública e tantos outros.

Nem sempre tais lembranças serão estímulos aos melhores sentimentos, levando seus pensamentos à desordem e desarmonia, impasses, discórdias, maus sentimentos e até desejos inconfessáveis.

O dia passa, a mente trabalhosa e cansada viveu todas as experiências típicas dos impulsos menos nobres.

E por quem você orou nesse dia?

O exercício da prece diária pelas necessidades alheias é recomendação de paz para você mesmo nos caminhos da elevação espiritual.

Habitue-se a esse movimento de amor e, além daqueles que desfilam pelos trajetos mentais de suas vivências, recorde igualmente de quantos outros, inseridos no contexto das provas, precisam de sua súplica em espírito de fraternidade e paz no mundo.

Índice - Parte 2

Oração para Deus – Prece de Cáritas 106
Prólogo – A religião do amor 108
01. Cansaço espiritual 111
02. Enfermidades 112
03. A medicação das perdas 114
04. Na convivência 116
05. Autoamor e egoísmo 117
06. Graças a Deus 119
07. Na solução das carências afetivas 121
08. Perdoar é libertar e prosseguir 123
09. Firmeza no ideal 125
10. Novo dia 126
11. Pequenos esforços no bem 128
12. Fé 130
13. Consciência emocional 132
14. Separações 134
15. O convite de Deus 136
16. Persevera um pouco mais 138
17. Sob a luz do amor 140
18. Passos para o autoperdão 142
19. Deus ama e estimula 144
20. O sentido da dor 146
21. Deus ou Mamom? 148
22. Negócios com Deus 150

23. Deus tem a solução 152
24. Agradar aos outros 154
25. A vontade de Deus 156
26. Renúncia e trabalho 158
27. Paciência e reforma íntima 160
28. Arrependimento sincero 162
29. Entre Deus e nós 164
30. Como encontrar Deus 166
31. Inventário de suas vitórias 168
32. O endereço de Deus 170
33. Deus aceita-nos como somos 172
34. Quanto vale um bom sorriso? 174
35. Tolerância com você 176
36. Felicidade e merecimento 178
37. Significado do medo 180
38. Perdoar sempre 182
39. Perante os falatórios 184
40. Recomeço 186
41. Caminhos pedregosos 188
42. Semear 190
43. Indulgência com nossas imperfeições 192
44. A pureza da intenção 194
45. Resposta de Deus 196
46. De mãos dadas com Deus 198
47. O recado das depressões 200
48. Caminha com paciência 202
49. Sem olhar para trás 204
50. Procurando Deus na oração 206

Oração para Deus

PRECE DE CÁRITAS[1]

"Deus, nosso Pai, que sois todo Poder e Bondade, dai a força àquele que passa pela provação, dai a luz àquele que procura a verdade; ponde no coração do homem a compaixão e a caridade!

Deus, dai ao viajor a estrela-guia, ao aflito a consolação, ao doente o repouso.

Pai, dai ao culpado o arrependimento, ao espírito a verdade, à criança o guia, e ao órfão o pai!

Senhor, que a Vossa Bondade se estenda sobre tudo o que criastes. Piedade, Senhor, para aquele que Vos não conhece, esperança para aquele que sofre. Que a Vossa Bondade permita aos espíritos consoladores derramarem por toda a parte, a paz, a esperança, a fé.

Deus! Um raio, uma faísca do Vosso Amor pode abrasar a Terra; deixai-nos beber nas fontes dessa bondade fecunda e infinita, e todas as lágrimas secarão, todas as dores se acalmarão.

E um só coração, um só pensamento subirá até Vós, como um grito de reconhecimento e de amor.

---

1 Cáritas foi um espírito que se comunicava por intermédio de Mme. W. Krell, uma das maiores psicógrafas da história do Espiritismo, em um grupo de Bordeaux (França).

Como Moisés sobre a montanha, nós Vos esperamos com os braços abertos, Oh Poder! Oh Bondade! Oh Beleza! Oh Perfeição! E queremos de alguma sorte merecer a Vossa Divina Misericórdia.

Deus, dai-nos a força para ajudar o progresso, a fim de subirmos até Vós; dai-nos a caridade pura, dai-nos a fé e a razão; dai-nos a simplicidade que fará de nossas almas o espelho onde se refletirá a Vossa Divina e Santa Imagem.

Assim seja!"

Prólogo

A RELIGIÃO DO AMOR

[...] e, quando ainda estava longe, viu-o seu pai, e se moveu de íntima compaixão e, correndo, lançou-se-lhe ao pescoço e o beijou.

Lucas 15:20

A religião, em todas as épocas, é um reflexo daquilo que os homens entendem a respeito do excelso Pai. Nesse aspecto residem as raízes dos desvios humanos nesse tema: colocar o cérebro acima do coração. Compreender Deus é bem diferente de sentir Deus.

Enquanto nos limitamos a colocar Deus em nossas ideias por meio de raciocínios de filosofia profunda, certamente guardaremos na alma um vazio dilacerante.

Carecemos sentir o nosso Pai e Criador. Sua essência é refletida nos recessos sagrados de nossos corações através dos sentimentos elevados. Aprender a identificar e desenvolver nossa luz pessoal é o caminho para essa conexão transcendental. A leitura de nosso mundo afetivo é o diferencial de quem está em Deus, porque O sente e O entende pela emoção.

Na consciência estão escritas as Leis de Deus[1] , e o sentimento é espelho translúcido no qual são estampadas as mensagens do Pai na direção de nosso progresso pessoal.

Em um mundo de materialismo e perturbação, a humanidade tem sede do divino. Anseia por paz e sossego interior. A dor faz o homem se dobrar diante de seu próprio orgulho, e o vazio existencial leva-nos à mais cruel provação do ato de viver, que é não sentir a vida.

O resultado inevitável dessa trajetória espiritual é a depressão, o tédio, a solidão, a sensação de abandono, o ódio, a vingança, a mágoa de existir, a tormenta do conflito e a infeliz experiência de se sentir consumido por ter de ser quem não é na passarela das vivências sociais.

Existe uma multidão de almas aflitas na humanidade que pensa Deus, enquanto Deus precisa ser sentido no âmago dos nossos melhores e mais aprimorados sentimentos.

Deus está em tudo e em todos e o movimento de estar Nele é uma decisão pessoal e intransferível, particular e de livre opção.

E, nessa busca pelo encontro com Deus, muitos adeptos das religiões distraem-se com as atividades e iniciativas, com os estudos e as práticas, repetindo velhos atalhos e desvios na caminhada evolutiva.

A verdadeira "religião" de Deus é o amor. O amor vivido e cultuado na atitude de espalhar pela vida o perfume da compaixão, da fé e da arte de consolar.

---

1 Questão 621 de *O livro dos espíritos* – Allan Kardec – FEB Editora.

Todos queremos Deus. Procuremos o nosso endereço pessoal que nos levará ao Pai pelo amor, e Ele, que nos espera há milênios, vendo o nosso esforço em encontrá-Lo, se expressará em Sua sabedoria e bondade: *[...] e, quando ainda estava longe, viu-o seu pai, e se moveu de íntima compaixão e, correndo, lançou-se-lhe ao pescoço e o beijou.*

Ermance Dufaux

Belo Horizonte, maio de 2011

Cansaço espiritual 01

*Vinde a mim, todos os que estais cansados e oprimidos,
e eu vos aliviarei.*

Mateus 11:28

As tribulações trouxeram dor e cansaço aos seus dias?

A opção por férias e recursos atenuantes não apresentaram os resultados esperados?

Talvez você esteja padecendo do cansaço do espírito, cujas pílulas da medicina humana pouco conseguem abrandar.

O remédio está na enfermaria da caridade e da espiritualização de nossas almas.

Algumas vezes, quando o cansaço é de origem espiritual, o trabalho e o movimento da alma em direção ao bem constituem descanso e refazimento, luz e libertação.

Interne-se em exercícios de amor ao próximo e na oração. Logo virá alívio e recomposição. Assuma os redentores compromissos com a melhoria espiritual, e verá as mudanças benfazejas.

Enfermidades 02

[...] quem me segue não andará em trevas,
mas terá a luz da vida.

João, 8:12

Quando o cuidado com o templo físico está indo bem, as doenças que eventualmente surgirem serão na verdade efeitos provenientes de necessidades e reajustes interiores.

Quando se aceita o corretivo da dor corporal, contribui-se em ampla proporção no aproveitamento da oportunidade. Se você se rebela, acresce mais um ônus às lutas que por ventura possa travar.

Enfermidade é resultado, e não um castigo. É resultado de manifestações perante a vida no campo do progresso da alma.

Concilie sua mente com sua enfermidade em clima de aceitação e otimismo.

Fazendo assim, estará mais próximo do caminho da cura, mesmo que para isso não recobre a saúde biológica desejável.

Ante a dor física que consome, o ânimo se abate, a fé se exaure, o coração se preenche de pessimismo. Esta é uma hora decisiva.

Busque a oração e entregue-se ao Pai, mentalizando Suas sagradas mãos a lhe dar amparo.

Você perceberá, de pronto, que a dor que dilacera terá outro rumo, enquanto a alma, em plenitude, encontrará o Divino Conforto da paz interior na luz da vida.

A medicação das perdas

03

E, atemorizado, escondi na terra o teu talento; [...]

Mateus, 25:25

As perdas são amargos medicamentos que a vida nos aplica na recuperação de algumas doenças espirituais.

Perdemos pessoas, bens, oportunidades, caminhos, amigos, saúde física, conforto.

Tenha cuidado com o desespero, porque tudo isso, em verdade, não lhe pertencia realmente.

Eduque, quanto possível, o entendimento, corrigindo o pensamento e o sentimento.

A tormenta da perda só ocorre porque nos apossamos emocionalmente, criando os tentáculos do apego e a rotina do interesse.

Recicle as posturas nesse tema. O segredo é possuir sem ser possuído.

Quem possui aproveita as bênçãos da vida sem apego.

Quem é possuído atolou-se no lamaçal da ilusão.

Cada posse no caminho é oportunidade de colocar à mostra os talentos da multiplicação, do crescimento e do progresso.

Quem teme e esconde seus talentos foi contaminado pelo fel da acomodação e se encontra convicto, em sua ilusão, de que a vida será como acredita que ela deva ser.

Na convivência   0 4

Vós julgais segundo a carne; eu a ninguém julgo.

João 8:15

A convivência é a sublime escola da vida que nos auxilia no autoconhecimento.

Analise as razões de seus sentimentos e pensamentos, atrações e rejeições, quando defrontar com essa ou aquela pessoa, e aprenderá muito sobre si mesmo.

O próximo, nessa ótica, é um espelho de nosso ser.

Habitue-se a essa análise interior e você terá, cada dia mais, autêntica propriedade de seu mundo pessoal.

Mas, para que isso aconteça, é preciso dar o primeiro passo. Renove sempre a concepção que você guarda a respeito do seu semelhante. Abdique de aprisionar-se a julgamentos, quantas vezes forem necessárias.

Autoamor e egoísmo

05

*E esta é a mensagem que dele ouvimos,
e vos anunciamos: que Deus é luz,
e não há nele trevas nenhuma.*

João 1:5

O autoamor constrói o bem pessoal. O egoísmo aprisiona ao interesse pessoal.

O autoamor descobre sombras com intuitos de iluminá-las.

O egoísmo percebe a sombra para transformá-la em máscaras imponentes.

O autoamor é o cuidado consigo que alivia e alimenta.

O egoísmo é a ocupação excessiva consigo que atormenta e exaure.

O autoamor abre portas favoráveis para a serenidade e o equilíbrio.

O egoísmo escancara a porta do coração para a desarmonia e o cansaço.

O autoamor inclina o homem à tolerância e à aceitação.

O egoísmo atola a criatura na discórdia e na revolta.

O autoamor traz um profundo sentimento de bem-estar.

O egoísmo é produtor da sementeira da culpa.

Cuidar de si é uma lei fundamental de avanço espiritual.

Cuidar somente de si é o caminho infeliz para a prova e a dor.

Quem cuida de si amplia sua luz interior e seu poder de cuidar do outro.

Quem pensa somente em si encarcera-se na cadeia fria do primitivismo.

O amor a si mesmo é luz para a vida.

O egoísmo é um caminho de sombras.

Fica fácil saber por que quem ama a si mesmo encontra mais motivos para amar o próximo.

Fica claro, também, em qual das duas condições emocionais Deus se expressa com Seu infinito amor.

Graças a Deus 06

Em tudo dai graças, porque esta é a vontade de Deus em Cristo Jesus para convosco.

Tessalonicenses 5:18

Paciência com os exigentes, mas também com suas cobranças.

Atenção com os mais distraídos; todavia, carinho com seus descuidos.

Valorização e incentivo aos outros; entretanto, perdão e entendimento para suas falhas.

Tolerância com os equívocos da conduta alheia; contudo, compreensão com a falta de vigilância e atitudes de inconsciência.

Ame e ampare sempre quando a vida convocar a abrir os braços para as necessidades dos outros. Não deixe de conceder a você os exercícios de abençoar e entender seus erros, usando sempre a arte do recomeço com ânimo e gratidão pelas vitórias já alcançadas.

O erro, quando aparece, é um lembrete oportuno para que não se esqueça o quanto ainda precisa avançar e caminhar com amor e conciliação em sua vida interior.

Render graças significa agradecer pelos favores e recursos recebidos. Acredite que, mesmo as dores e dificuldades fazem parte da ação divina pelo seu bem.

Cuide dos outros e igualmente de você, dando graças sempre, mesmo quando a sombra da imperfeição turvar sua paz ou tirar seu sossego.

As graças que dispensar nos caminhos do próximo devem constituir roteiros vigorosos sobre como agir também consigo próprio.

Na solução das carências afetivas

07

Quem nos separará do amor de Cristo?
A tribulação, ou a angústia, ou a perseguição,
ou a fome, oua nudez, ou o perigo, ou a espada?

Romanos 8:35

Carência afetiva é desnutrição emocional. A ausência do amor, alimento das almas, responde por infindáveis tragédias do cotidiano. Amar e ser amado faz parte do projeto de Deus para nossa evolução.

A carência do amor é a porta de entrada para muitas ilusões acerca da vida e das pessoas com quem nos relacionamos. Sua propriedade mais nociva é a de conferir um significado especial a alguém que, em verdade, não corresponde a nada daquilo que pensamos.

Sob o fascínio da carência, você pode cultivar sonhos que, quase sempre, terminam em dilacerantes pesadelos. Fantasias que se transformarão em feridas difíceis de cicatrizar.

Quem deseja realmente se libertar dessa doença, necessita construir sentidos espirituais elevados na vida, respirar ideais enobrecedores pelos quais se veja absorvido, apren-der a amar sua autonomia e seu espaço pessoal.

Quem aprende a gostar de si mesmo e, portanto, apren-de o autoamor, encontra melhores opções de preservação e paz interior nos instantes de carência.

Mesmo buscando alternativas de preservação do equi-líbrio, não desista da ventura afetiva. Estabeleça que algo tão importante só vale mesmo a pena quando se consegue cultivar uma convivência que dignifique e permita engran-decer o outro, no fortalecimento dos valores imperecíveis perante a vida.

Que nada nos separe do amor do Mestre Jesus, o pra-zer abençoado da existência que alimenta a alma que se abre em busca de paz e a nutrição substanciosa para quem deseja alimento farto.

Perdoar é libertar e prosseguir

08

Quem pode perdoar pecados, senão Deus?

Marcos 2:7

Mesmo que você tenha sucumbido aos erros...

Ainda que sem crédito diante dos ditames da consciência...

Embora se consagre às atitudes descuidadas pelos atrativos descaminhos da facilidade...

Apesar do inventário de deslealdade aos princípios iluminativos...

Perdoe a si mesmo e recomece o compromisso renovador.

Reconstrua os rumos e liberte-se das lembranças amargas remexidas pelas culpas e pelos tormentos do remorso.

Perdão é medida afetiva de quem conseguiu avançar e buscar, no futuro, o remédio para as dores por meio do arrependimento sincero.

Quem se arrepende alimenta-se da energia do trabalho e do amor.

Se só Deus pode perdoar pecados, então faça contato com Ele. Volte-se para dentro de si mesmo. Sinta-O.

Estenda as mãos e diga: perdoa-me, Pai, para que eu possa me libertar e prosseguir!

Firmeza no ideal

09

Alegrai-vos na esperança, sede pacientes na tribulação, perseverai na oração;

Romanos 12:12

Abalam-se as esperanças e esgotam-se as últimas reservas de forças diante das tribulações, que parecem não terminar.

Neste instante, sob a tormenta das pressões que alteram o raciocínio, arriscamos decisões infelizes e inesperadas, que podem nos conduzir à volúpia da descrença.

Se as chibatas do sofrimento agridem você, recorde a sublime indicativa do Mestre: paciência na tribulação.

Decerto os açoites das provas diárias ferem e consomem. Contudo, vigia e trabalha.

Evite afastar-se dos deveres espirituais exatamente no momento em que eles funcionam como anestésico benéfico e medicamento de reposição das forças perdidas.

É por meio do esforço diário de superação que se desenvolve o poder de resistência mental no domínio sobre as forças inferiores que procuram abater sua alma.

Mantenha a alegria, a paciência e a perseverança.

Novo dia 10

*Ninguém deita remendo de pano novo
em roupa velha; doutra sorte o mesmo
remendo novo rompe o velho,
e a rotura fica maior.*

Marcos 2:21

É possível que hoje, por mais que tenha se esforçado, não consiga a solução para os problemas mais embaraçantes.

Quando a fadiga e a ansiedade se instauram, lhe expõe ao contágio do desânimo, que insinua as propostas derrotistas do abandono e da desistência.

Sob os golpes do cansaço, instala-se uma rotina destruidora da criatividade no vicioso leito da confusão dos pensamentos.

Mas a cada dia o seu mal.

Recolha-se ao descanso em clima de oração. Amplie o sentimento de fé, e entregue o corpo ao repouso noturno necessário.

Faça contato com Deus rogando-Lhe rumo e força.

Amanhã, uma nova luz mental suprirá as dúvidas e os desafios, inspirando coragem e sabedoria no recomeço. Ideias novas solicitam clima mental renovado.

Aprenda a fazer o "remendo novo" para que sua roupagem mental se apresente de forma digna e salutar na solução definitiva de seus desafios.

Pequenos esforços no bem

11

E qualquer que tiver dado só que seja um copo de água fria a um destes pequenos, em nome de discípulo, em verdade vos digo que de modo algum perderá o seu galardão.

Mateus 10:42

De uma pequena semente pode nascer uma árvore frondosa e verdejante. De um pequeno grão de milho, espigas abundantes saciarão a fome. De uma célula que se divide, surge a maternidade abençoada.

O bem clama pelo somatório de pequenos esforços para que sua manifestação tome conta da Humanidade.

Em tempo algum desacredite de sua força superior nos trajetos difíceis da caminhada na vida.

Hoje, a descrença pode bater às portas da sua mente convidando ao desânimo e ao desequilíbrio perante as provas e testemunhos. Amanhã, verá que o suposto mal era, em verdade, a mão divina agindo na força das circunstâncias, poupando mais dissabor e tormenta.

O bem é uma energia incomparável da qual você pode fazer uso em favor da paz e da harmonia, onde e como estiver.

Estar no bem significa escolher permanecer na luz interior, mesmo quando há a invasão impiedosa da sombra inconsciente.

Se não tiver um holofote para dissipar as investidas sombrias de seu íntimo, acenda, pelo menos, um pequeno facho de luz.

Deus, em Sua infinita misericórdia, multiplicará seu minúsculo esforço.

Fé 12

E ele lhe disse: Tem bom ânimo, filha,
a tua fé te salvou; vai em paz.

Lucas 8:48

A fé é o fio condutor que liga o homem à essência da vida.

Conectados a ela, encontramos suprimento necessário para alimentar nossas forças e superar nossa fragilidade.

Ela é a porta pela qual qualquer um pode passar para ouvir a voz divina de Deus na acústica da alma, orientando nossa consciência.

É a energia da alma que constrói pontes de criatividade entre os problemas e suas respectivas soluções.

É a força afetiva capaz de manter a esperança viva no coração.

É a luz que se derrama de nosso ser, criando a bênção do otimismo, da coragem e da alegria.

A fé, talvez, seja o maior presente que Deus nos ofereceu na caminhada evolutiva. Sem ela, podemos chegar a ponto de negar a própria existência, e quem nega existir padece a dor da descrença no reino da alma.

Quando se opta pelo egoísmo cristalizado a fé dispersa.

E a descrença, considerada como a doença da ausência de sentido para viver, é, sem dúvida nenhuma, a prova mais dolorosa que pode enfrentar o espírito que não quer vencer seu egoísmo.

Quem ama, ilumina-se de fé. E quem crê envia fios de luz a Deus para com Ele manter uma sublime comunhão de paz, saúde e progresso incessantes.

Consciência emocional

13

Bem-aventurados os limpos de coração,
porque eles verão a Deus;

Mateus 5:8

A rotina cansa? Improvisa o bem para alguém pelo menos uma vez a cada dia.

A ansiedade oprime? Recorda um pouco as dores alheias e enxuga algumas lágrimas.

A insistência das provas desgasta? Caminha um pouco mais em busca do conhecimento que liberta.

As decepções irritam? Aprende o exercício da aceitação habituando a pensar que a vida nem sempre será como você deseja.

A força dos imprevistos desanima? Decerto muitas contrariedades do caminho são avisos da Misericórdia Celeste acerca dos melhores rumos para sua vida.

O cansaço das lutas, na maioria das vezes, é um termômetro de aferição a respeito de como estamos enfrentando os conflitos nos desafios de cada dia.

A opressão emocional é, quase sempre, o resultado do esgotamento energético decorrente da forma inadequada de lidar com conflitos.

Consciência emocional é aprender a ouvir Deus na intimidade. Saber quais são os recados da essência que trazemos em nós, ante os testes que nos aplicam as experiências na escola da vida.

Quanto mais você se ligar ao Pai, mais ciência da vida acumulará em seus passos, aspirando o espírito da serenidade e do bem-estar, abençoando suas provas com melhor aproveitamento e lucidez.

Separações 14

Deixai crescer ambos juntos até a ceifa; [...]

Mateus 13:30

Nem sempre as separações significam encerramento de ciclos.

Para a maioria de nós, as doenças que nos separam da saúde, as falências que nos separam da opulência, os divórcios que nos separam a vida conjugal, as tragédias que separam pela morte, e outras tantas desvinculações, nada mais são que trombetas soando aos nossos ouvidos espirituais para acordarmos de velhas ilusões.

As separações, no entanto, serão ocorrências que inevitavelmente trarão transformações e novos aprendizados.

O apego, nessa hora, quase sempre responde por nossas perturbações em não aceitar o que precisa ser renovado ou pela rebeldia em não acolher a ideia de que não podemos controlar a vida e fazê-la ser aquilo que queremos.

Quanto mais você se recusar a aceitar as separações, mais se afastará de encerrar, como deveria, os ciclos de amadurecimento para os quais a vida conclama.

Sob os desígnios de Deus, na Sua impermanência, o contínuo ciclo de vida comanda, sem cessar, o destino da existência, sobre o qual você não tem a menor chance de gerenciar. Ele inicia e encerra ciclos, promovendo a libertação e o progresso.

O Pai, para transformar cada ciclo em frutificação e avanço, age permanentemente na guarda do bem, da dignidade e do amor por meio da manutenção das Leis Naturais.

Siga-Lhe a atitude sábia para fazer de cada mudança no caminho uma fonte de estímulo, iluminando a visão e dilatando a compreensão.

Tudo no universo se junta almejando uma colheita proveitosa. Juntos, ficaremos com esse objetivo. Do contrário, os ciclos suplicam renovação e recomeço.

O convite de Deus

15

E disse-lhe: Se tu és o Filho de Deus, lança-te de aqui abaixo; porque está escrito: Que aos seus anjos dará ordens a teu respeito, E tomar-te-ão nas mãos, para que nunca tropeces em alguma pedra.

Mateus 4:6

Diante de quem nos desrespeitou, libertemo-nos pelo perdão. A vingança é uma prisão que nos adoece.

Diante de quem nos julgou, resguardemo-nos em nossos valores. A ofensa é um recibo em branco confirmando as críticas alheias.

Diante de quem nos caluniou, façamos silêncio. A réplica é um agastamento que nada produz em favor do bem.

Diante de quem nos traiu, examinemos nossa consciência. A acusação, em algumas situações, pode ser um sinal de fuga.

Diante de quem nos abandonou, procuremos a oração para entender os motivos pelos quais a vida nos entrega tamanha desconsideração.

Um exame sincero e corajoso, apoiado pelo pedido de amparo e pela orientação alheia, será o melhor receituário a seguir nos instantes agudos em que a dor nos encarcera no sentimento de injustiça e lesão.

Cada ferida do coração, nos dolorosos quadros da agressão emocional, constitui medicação amarga na solução de velhos dramas da alma.

Observe, nessas horas sombrias, que Deus não abandona ninguém, não desrespeita, não julga, não calunia e não trai, mantendo-Se coerente e de mãos estendidas, convidando cada um de nós a se levantar dos tombos e continuar de mãos dadas com Ele.

Perservera um pouco mais

16

E a que caiu em boa terra, esses são os que, ouvindo a palavra, a conservam num coração honesto e bom, e dão fruto com perseverança.

Lucas 8:15

As provas se agravam, o cansaço se dilata, as soluções não surgem, os amigos debandam, as tarefas estacionam, o tempo escasseia diante do volume de deveres.

São lutas da rotina, são testes aferidores que vão exigir mais empenho e perseverança. Quando se ampliam em intensidade, podem ser prenúncio de que o aprendizado está perto de se concluir.

Sendo assim, persevera um pouco mais e entregue-se ao escudo do trabalho e às energias revitalizadoras da prece.

Persevera um pouco mais diante da pressão dos exames da vida. É possível que logo mais, alguns poucos passos à frente, esteja a fonte de água límpida para suprir a sede de sossego e descanso, paz e harmonia.

Não existe prova sem solução, nem dor sem saída.

Sua conexão com Deus e a perseverança serão sempre os mais luminosos passos na direção da liberdade e do bom proveito.

Sob a luz do amor 17

*Mas aquele que odeia a seu irmão está em trevas,
e anda em trevas, e não sabe para onde deva ir;
porque as trevas lhe cegaram os olhos.*

João 2:11

Quem se mantém no rancor, semeia a discórdia.

Quem multiplica a raiva em seus passos, está chamando a agressão para perto de si.

Quem se acomoda na ilusão, atrai tropeços e provas.

Quem se descuida da disciplina, favorece a obsessão na vida mental.

Quem guarda mágoa, destila o fel da amargura.

Quem cultiva a irritação, acolhe a energia da perturbação em seus dias.

Quem se submete à avareza, está de braços dados com a ansiedade.

Quem obedece aos impulsos da rebeldia, termina nas mãos da depressão.

Quem se aprisiona no ódio, decreta uma severa punição a si mesmo.

Quem está em trevas nada vê.

Somente o amor ilumina os olhos, permitindo enxergar a vida sob a perspectiva divina.

Quem anda em trevas não sabe, definitivamente, que caminho tomar para dirigir sua existência no rumo do bem, da paz e do equilíbrio. Mas quem ama liberta-se das amarras indesejáveis daqueles sentimentos capazes de instalar a treva em nossa vida interior.

A luz que vem de dentro é o guia de nossas vidas. É Deus falando em nós, por nós e para nós. Ande sob Seus cuidados, se quiser melhores e mais pacíficos dias em sua caminhada.

Passos para o autoperdão 18

Se, porém, não perdoardes aos homens as suas ofensas, também vosso Pai vos não perdoará as vossas ofensas.

Mateus 6:15

Em relação ao passado nada se pode mudar, a não ser a forma de se relacionar com o que passou.

Se quiser, pode organizar sua vida mental para se desligar das más recordações que aprisiona você em culpas e remorsos.

Perdão é a atitude libertadora que trará você de volta ao presente, rompendo com todas as amarras relativas ao que aconteceu em sua vida.

Perdoar significa realizar um trabalho de consciência acerca das más escolhas, das atitudes impensadas e dos descuidos que levaram você a comportamentos danosos.

Sem aceitar refletir com coragem sobre o que aconteceu, admitindo sua parcela de descuido, ilusão e interesse nas ocorrências desagradáveis que se foram, torna-se mais oneroso avançar e desligar-se dos cadeados das lembranças perturbadoras e aflitivas.

E, para aceitar essa reflexão, o primeiro passo será parar de responsabilizar os ofensores pelo que fizeram, incluindo entre eles, também, você mesmo.

O segundo passo será iniciar um autoexame sincero por meio da seguinte indagação: o que a minha mágoa quer me ensinar sobre mim?

O terceiro passo será observar que, com o tempo, a dor da mágoa vai desaparecendo, todavia, as imagens mentais do passado subsistirão como avisos, ainda necessários, dos cuidados que deve ter para com as lições aprendidas por meio do autoperdão.

Perdoando-se sentirá a luz de Deus em seu interior, aliviando suas dores e convidando a recomeçar com alegria e coragem uma nova vida.

Deus ama e estimula

19

Quando ouviram isto, redarguidos da consciência, saíram um a um, a começar pelos mais velhos até aos últimos; ficou só Jesus e a mulher que estava no meio.

João, 8:9

Pudesse o homem encarnado contemplar as paisagens vibratórias que cercam seu psiquismo e, decerto, sentir-se-ia na condição de um fantoche dirigido por energias sutis.

De fato, é isso o que acontece todas as vezes que não assumimos responsabilidade sobre o que sentimos e fazemos, estejamos fora do corpo físico ou nele inseridos pela reencarnação.

Somente acionando a coragem de responder por nossos sentimentos e atos é que conseguiremos reunir condições mentais suficientes para realizar a desafiante experiência do autoconhecimento. Para isso, devemos exercer conscientemente o exame sem fuga sobre o que está na origem de nossas escolhas e ideias.

No caso da mulher pecadora, Jesus, na condição de exímio psicólogo, ao provocar reflexão sobre a isenção de pecados, redireciona o foco projetivo da multidão para a consciência individual. Ele elimina o clamor da sombra coletiva e estimula o autoexame a cada um.

Ninguém penetra o templo sagrado de sua alma projetando no outro aquilo que, em verdade, acontece consigo mesmo.

Onde todos acusam, volte-se para o exame pessoal, a fim de pacificar sua ação com as bênçãos da compaixão e do acolhimento.

Apedrejar é um ato inútil na obra da criação. Deus não apedreja. Deus ama e estimula.

A lei paternal é de pura misericórdia e benevolência com todos e com tudo.

O sentido da dor

20

Porque não há coisa oculta que não haja de manifestar-se, nem escondida que não haja de saber-se e vir à luz.

Lucas 8:17

A dor psicológica causada pela pressão externa das provas é um mecanismo corretivo que esgota, paulatinamente, o teor doentio de camadas energéticas da vida subconsciente.

Funcionando como conta-gotas, vai efetuando o serviço recuperativo da alma, drenando o conteúdo energético tóxico depositado pelas más ações desta e também de outras vidas.

Nada ficará oculto no universo, eis uma Lei Natural. Quando se intensificam as pressões em nossa vida, é indício de que algo necessita ser conhecido na intimidade, revelado com urgência aos tribunais da consciência. A dor não só expurga, mas também revela, por meio da luz do entendimento, o que acontece conosco.

Uma vez conhecido o que nossa vida mental quer nos mostrar, livramo-nos do incômodo peso da dor. E, mesmo que a prova não se modifique, no nosso íntimo teremos a companhia abençoada da serenidade. É assim que iluminaremos o entendimento para prosseguir com melhor proveito na edificação de novas atitudes, que nos libertarão, em definitivo, do passado sombrio e infeliz.

Aceite o convite da vida e busque na oração e na educação de seus potenciais as medicações inadiáveis para o seu progresso. Quando há pressão para desbravar as trevas dentro de si, é porque a luz de suas conquistas irradia na profundidade da alma um apelo de progresso inadiável.

Deus ou Mamom?

21

Ninguém pode servir a dois senhores; porque ou há de odiar um e amar o outro, ou se dedicará a um e desprezará o outro. Não podeis servir a Deus e a Mamom.

Mateus 6:24

Ao amanhecer, rogue a Deus o amparo para o cumprimento de seu dever.

Durante as horas do dia, preserve o clima do bem, agradecendo pelas conquistas já alcançadas.

No contato com seu semelhante, recorde que ele pode estar igualmente aflito, e estenda-lhe sua vibração de amor e cooperação.

Perante imprevistos que surjam, conecte-se ao Mais Alto em busca de sabedoria para agir da melhor forma.

Ao se recolher para o repouso noturno, busque o Pai em oração e examine as experiências boas e ruins.

Deus sempre está em nossa presença, embora nem sempre nós estejamos em sintonia com Ele.

Inegavelmente, se quiser a companhia divina, tem de amar-Lhe a presença no falar, no fazer e no pensar de cada instante.

Quanto mais servimos aos interesses de nosso egoísmo, mais nos afastamos de Deus, porque não é possível servir a duas forças tão distintas.

Deus é uma vivência e, para ser sentido dentro de nós, solicita postura.

Negócios com Deus

22

Não servindo à vista, como para agradar aos homens, mas como servos do Cristo, fazendo de coração a vontade de Deus.

Efésios, 6:6

Deus não zelou por mim quando precisei!

Deus não existe. Se existisse, eu não teria passado por essa desgraça!

Deus só ajuda quem não precisa, do contrário eu estaria melhor!

Deus não é justo. Eu não fiz nada para merecer esta dor!

Deus não gosta de mim!

Deus me criou uma pessoa muito infeliz.

A culpa é de Deus!

Deus não estava lá quando orei, senão não teria acontecido o pior!

Onde estava Deus quando aconteceu essa catástrofe?

Essas e muitas outras frases sobre o Pai são sentimentos autênticos que merecem todo o respeito, mas ninguém pode negar que expressam uma visão de egoísmo a respeito da bondade celestial.

Enquanto mantiver essa ótica distorcida sobre nosso Pai Maior, certamente terá enorme dificuldade em cumprir-Lhe a vontade, porque estará muito mais interessado em agradar ao mundo de suas ilusões pessoais, na expectativa de fazer negócios com Deus.

Deus tem a solução

23

Porque, aquele que pede, recebe; e, o que busca, encontra; e, ao que bate, abrir-se-lhe-á.

Mateus 7:8

Você atravessa a amargura da solidão? Deus pode ser sua companhia e alimentar os seus ideais.

Você carrega o peso da mágoa corrosiva? Deus pode lhe estender a suave bênção da compreensão.

Você está aflito pelo futuro incerto nos seus dias? Deus pode aliviar sua ansiedade com calma e gratidão.

Você se encontra atordoado com a traição? Deus pode lhe dar a brandura do desapego, a fim de aprender a esquecer e avançar.

Você está sob a dor da depressão? Deus pode lhe conceder medicamentos infinitos de aceitação e alegria.

Você não acredita na vitória de suas provas? Deus pode acender sua fé para que remova os entulhos do pessimismo.

Se você passa pelas dores expiatórias, recorda que a bondade celeste sempre tem algo a lhe dizer e oferecer para amenizar a luta do caminho, iluminando seus dias com renovadas motivações na superação dos testemunhos.

Mas, inegavelmente, se você quer a ajuda divina, recorda, também, que é preciso querê-la ardentemente, e para tê-la não basta pedir, é preciso se esforçar para fazer o que já sabe que é preciso ser feito.

Faça a sua parte e Deus inspirará a solução e falará ao seu coração.

Agradar os outros

24

Eis que vamos para Jerusalém, e o Filho do homem será entregue aos príncipes dos sacerdotes, e aos escribas, e condená-lo-ão à morte.

Mateus 20:18

Se você faz o melhor que pode no cultivo da simpatia na convivência;

Se se esforça por agradar conforme suas possibilidades de ser útil;

Se vigia as manifestações verbais para não ferir nem humilhar;

Se conserva a boa atitude com o melhor dos seus sentimentos;

E, se ainda assim, não consegue despertar a admiração e o respeito desse ou daquele coração nos círculos de suas vivências, então evite perturbar os outros com o menosprezo e a preocupação.

Gostar e relacionar-se é uma via de mão dupla.

Recorde, nesse assunto, que mesmo tendo a mais pura intenção de amar e socializar, encontrará inúmeras situações, nos quadros da convivência, que constituem atestados evidentes de que não haverá, por agora, chance de intercâmbio saudável ou promissor.

Faz parte da Lei de Progresso que certas características psicológicas e morais se retraiam na esfera dos encontros e desencontros.

Na Terra, a lei magnânima de amor ainda se encontra restrita a episódios muito peculiares de um mundo-escola, cujo aprendizado abriga, também, o reflexo do estágio de enfermidades nas quais ainda nos encontramos.

O amor a que fomos chamados é para com todos os seres, todavia, tenha convicção de que, por agora, ainda que não aceite, nem todos corresponderão ao amor dispensado por você.

Nem nosso Mestre ultrapassou esse cenário, e foi entregue às mãos da injustiça.

A vontade de Deus

25

E não sede conformados com este mundo, mas sede transformados pela renovação do vosso entendimento, para que experimenteis qual seja a boa, agradável, e perfeita vontade de Deus.

Romanos 12:2

É comum observar o desejo sincero de melhor aproveitar os desafios entre nós, e optamos pela espiritualização.

Por essa razão, no silêncio das provas de cada dia carregamos o peito oprimido, causando-nos dilacerante sensação de angústia.

Como resolver os problemas que surgem? Como escolher o melhor? Como decidir corretamente ante tantos caminhos a seguir?

A dúvida e o medo tornam-se uma dupla cruel, que fere a sensibilidade de nossos corações com pavorosos quadros de culpa e pessimismo. E, quando protelamos nossas decisões, essa dupla ainda nos convida ao desânimo, agravando ainda mais nossas provas aferidoras.

Cansados e aflitos, muitos de nós reclamamos: Deus não me ama! Deus não gosta de mim! Deus nunca me ajudou!

Iludidos em nosso egoísmo, nos rebelamos: Por que comigo, Senhor? O que eu fiz para merecer tamanho desgosto? O que Deus quer de mim? Onde está a ajuda divina?

Fazemo-nos de bondosos e listamos promessas ao Pai no intuito de que Ele nos livre dos exames dolorosos, assumindo a postura de vítimas dos acontecimentos, esquecendo-nos, muitas vezes, que boas parcelas dos conflitos que nos acometem ocorreram por descuido de nossas atitudes.

Fazer-se de vítima da vida é doença severa de nossos corações fragilizados, com a qual queremos fugir da nossa responsabilidade, duplicando o peso das dores que sofremos.

Em vez de reclamação e rebeldia, tenha coragem e paciência. Coragem para assumir seu aprendizado e paciência para que as soluções sejam definitivas, e não superficiais.

Sem coragem e paciência fica bem mais difícil entender qual é a boa, agradável e perfeita vontade de Deus.

Renúncia e trabalho

26

Então disse Jesus aos seus discípulos: Se alguém quiser vir após mim, renuncie-se a si mesmo, tome sobre si a sua cruz, e siga-me;

Mateus 16:24

Transformação espiritual é renúncia e trabalho.

Renúncia é o desapego da autoimagem criada pela personalidade exigente e centrada nos interesses pessoais durante séculos.

Trabalho é o hábito persistente e incansável do dever corretamente exercido, ampliando a descoberta e a experiência.

Quaisquer êxitos no campo interior da alma à procura da renovação de si mesmo apelam para o desapego e o serviço.

Contudo, não caminhe precipitadamente sob a influência da vaidade, guardando a pretensão de somente acertar. Revoltar-se com o erro é o mesmo que acionar um estado de pane interior que constitui piso psíquico para a obsessão e o derrotismo; é o mesmo que atrair o desânimo e a fraqueza.

Recorde a inesquecível afirmativa de Jesus: "Se alguém quiser vir após mim, renuncie-se a si mesmo, tome sobre si a sua cruz, e siga-me."

Renuncie e trabalhe também perante o erro. Sob essa perspectiva, renúncia é perdão, e trabalho é recomeço.

Paciência e reforma íntima

27

Se, porém, os teus olhos forem maus, o teu corpo será tenebroso. Se, portanto, a luz que em ti há são trevas, quão grandes serão tais trevas!

Mateus 6:23

Reforma íntima solicita direção superior dos seus esforços. Aceitando o compromisso de descobrir, sem desespero e angústia, os sublimes traços de Deus no íntimo de nós mesmos, conseguiremos avançar nesse propósito de melhoria.

Faça o melhor que puder, acertando mais e errando menos, sem desistir do idealismo superior.

Esforce-se para que o dia de hoje seja mais proveitoso que o de ontem.

Aprenda a se amar como você é, cultivando irrestrita autoaceitação, recusando, o quanto puder, os convites da tentação de desistir e desertar-se dos compromissos de progresso espiritual.

Depois de séculos, em muitos casos, de milênios, optando pela treva, não é sensato cultivar a ilusão de que abrirá os olhos para a luz instantaneamente. O clarão intenso da tocha do bem ferirá seus olhos enquanto não se acostumar com sua intensidade.

A paciência é a arte de acolher a sombra interior com plena aceitação.

Paciência é a sublime virtude que reflete, em cada íntimo, a harmonia de Deus, que conclama a operar em Sua obra e em cada intimidade, de conformidade com os talentos e as vocações que acumular, mas igualmente com respeito às trevas que ainda carregar.

A paciência é o olhar compassivo sobre suas necessidades; constitui a cadência ideal para que o amor lhe assegure uma caminhada farta e sustentável rumo a Deus, e sempre sob a tutela da sanidade libertadora.

Arrependimento 28
sincero

Produzi, pois, frutos dignos de arrependimento; [...]

Lucas 3:8

A falha de hoje não significa queda ou derrota. A matrícula no aprendizado da autoeducação requer tolerância e paciência incondicionais quando somos tomados pelo arrependimento sincero.

Ontem você estagiou nos mesmos erros sem o mínimo propósito de renovação. Hoje almeja por melhora. Por essa razão, o equívoco incomoda. Bom sinal! Sinal de amadurecimento.

Evite deter o passo e procure criar o bem por onde passe, mas somente o bem que já tem condição de fazer. Mais que isso é vaidade e pretensão. Com isso, descansará intimamente, gerando luz e vida na garantia da vitalidade e sossego interior.

Se, por agora, não encontrar as respostas que explicam os seus desatinos, olhe para a frente; valorize as vitórias, por menores que sejam, e avance.

No clima benfazejo do trabalho ativo, o operário poderá divisar horizontes de bonança quais convites de esperança e alegria no rumo da felicidade.

Quem se arrepende prova sua sinceridade produzindo frutos dignos de seu arrependimento.

No torvelinho da mágoa para consigo mesmo, o aprendiz não conseguirá enxergar as saídas para a aplicação correta das lições que já recebeu.

Perdoe-se e siga!

Entre Deus e nós

29

Porque a nossa glória é esta:
o testemunho da nossa consciência,[...]

Coríntios 1:12

Talvez você não seja compreendido diante das decisões que seus entes amados não esperavam.

Talvez ninguém entenda a missão única e particular colocada na mão de cada um de nós perante a vida.

Talvez você sofra calunias exatamente diante das suas mais puras intenções.

Talvez alguém tente arruinar você por inveja diante da ardência quase incontrolável da disputa pessoal.

Talvez a mentira cerque os seus passos testando sua extrema capacidade de realizar sem nada esperar.

Talvez você receba o chamado para provas que nem imaginava, ainda mesmo no roteiro dos serviços de melhoria espiritual.

Nenhum de nós pode prever quais serão as lições do caminho e, por essa razão, nestes momentos tormentosos, nos quais sentimos que fomos injustiçados com pedradas que não merecíamos, busquemos Deus na consciência para ouvir o que Ele tem a dizer.

Sempre será no altar sagrado da consciência o melhor lugar para encontrar o Pai e saber o que Ele pensa daquilo que estamos fazendo no testemunho de nossa consciência.

Como encontrar Deus

30

E, interrogado pelos fariseus sobre quando havia de vir o reino de Deus, respondeu-lhes, e disse: O reino de Deus não vem com aparência exterior.

Lucas 17:20

Procure Deus nas atividades em favor do próximo. Pode ser que não O encontre.

Procure Deus nos templos de sua predileção. Pode ser que não O encontre.

Procure Deus nas leituras pacificadoras. Talvez nem assim O encontre.

Procure Deus na natureza em retiros abençoados. Pode ser que não O perceba.

Procure Deus no dever bem cumprido. Ainda assim, o Criador pode não ser sentido no coração.

Procure Deus na bondade dos grandes líderes. Nem sempre O achará nas almas dos condutores.

Procure Deus no descanso merecido. Quem sabe nem assim tocará no Divino Pai de nossas vidas!

O Espírito de Deus está em toda a parte e, para encontrar com nosso Celeste Criador, temos, antes de tudo, de procurá-Lo nos recessos sagrados do sentimento iluminado.

Você achará Deus toda vez que seu coração estiver em identidade com as sublimes vibrações do Pai, porque O reino de Deus não vem com aparência exterior.

Inventário de suas vitórias

31

Porque todo o que é nascido de Deus vence o mundo; e esta é a vitória que vence o mundo, a nossa fé.

João 5:4

Você nasceu e conseguiu chegar até aqui. Cada ano uma vitória.

Você avançou da infância para a juventude, da juventude para a fase adulta e desta para a maturidade. Cada ciclo uma vitória.

Você não recebeu da vida tanto quanto gostaria, mas continuou realizando e progredindo, aprendendo e oferecendo mesmo sem ter. Cada esforço uma vitória.

Você errou e recomeçou inúmeras vezes. Cada lição uma vitória.

Você talvez não tenha chegado até o momento presente como gostaria de ser ou com a vida do jeito que idealizou, todavia, acumulou o precioso tesouro da experiência. Cada vivência uma vitória.

Você pode até se sentir aos trapos, mas chegou até aqui. Você é um vitorioso!

Só você e Deus sabem o que você passou e o preço que pagou em dores e decepções, provas e imprevistos, para que um único objetivo fosse levado avante em sua existência: o ato de manter-se vivo e com uma réstia de esperança na alma para caminhar dia após dia.

Deus está orgulhoso de você e acredita que dias melhores poderão surgir, se você realmente tiver muita fé nas suas vitórias.

Esteja certo de que Ele tem uma convicção incondicional sobre o seu sucesso, e diante do seu trajeto, somente uma frase positiva e iluminada ecoa de Sua magnânima sabedoria: Continue, sei que você está fazendo o melhor que pode!

O endereço de Deus

32

*Falou-lhes, pois, Jesus outra vez, dizendo:
Eu sou a luz do mundo; quem me segue não
andará em trevas, mas terá a luz da vida.*

João 8:12

Jesus foi claro: Quem me segue não andará em trevas. [...].

Seguir é a ação decisiva de acompanhar a trilha de avanço espiritual do Mestre.

Quem O segue vai encontrar percalços pelo caminho.

Quem O segue certamente não acumulará glórias pessoais.

Quem O segue não terá tempo para a inutilidade.

Quem O segue suportará reveses incômodos em seus grupos sociais.

Quem O segue terá de pautar uma vida na disciplina e na renúncia.

Quem segue os ensinos de Jesus será caluniado e desprezado e, ainda por fim, terá o madeiro da crucificação na reta final da existência.

Lendo essas frases, muitos terão a impressão de que seguir a luz significa padecer e sofrer, porém a proposta é exatamente ao contrário. Seguir Jesus é matricular-se na escola da arte de fazer o bem, aprendendo, sobretudo, como se defender do mal e construir a paz interior.

O Mestre, porém, deixou nítido o seu compromisso de assistência a quem assumisse o desafio de caminhar com Ele, enunciando: [...] não andará em trevas, mas terá a luz da vida.

Porventura, não é esse o desejo da maioria dos homens na Terra, ter paz e luz dentro de si mesmo?

Então, se você já sabe o que fazer, siga Jesus. E se quiser encontrar o endereço de Deus, seguir-Lhe a cartilha luminosa é o caminho mais indicado.

Deus aceita-nos como somos

33

Levantar-me-ei, e irei ter com meu pai, e dir-lhe-ei: Pai, pequei contra o céu e perante ti;

Lucas 15:18

Quem deseja maior proximidade com Deus no exercício de sua fé, por muitas vezes terá uma nítida sensação de abandono. Só experimenta esse sentimento quem está à procura de entender os desígnios divinos, porque nessa procura estabeleceu uma relação com Ele.

Essa sensação de abandono é a forma que nós, ainda rebeldes e instáveis, encontramos para dizer ao Pai como nos sentimos sozinhos, sem apoio e sobre como nossa esperança está se extinguindo.

Todavia, Deus nunca abandonou ninguém. Sua onipotência é perfeita e sábia, Sua bondade é incondicional e justa.

Quando nos sentimos abandonados, em verdade, ignoramos o elo com Deus. Deixamos de entender Seus chamados ou não estamos querendo aceitar-Lhe a vontade soberanamente realista e necessária ao nosso aprimoramento.

Deus sempre nos aceita como somos.

Quando você se sentir abandono por Ele, tenha a humildade do Filho Pródigo. Levante e assuma sua responsabilidade perante os atos, caminhe na direção do dever cumprido, e diga em oração: "Pai, errei perante minha própria consciência, ampara-me para que eu não me sinta só diante de Tuas leis e auxilia-me no recomeço. Acolha-me, Deus, no Teu amor infinito!".

Quanto vale um sorriso

34

> *Bem-aventurados os pacificadores,*
> *porque eles serão chamados filhos de Deus;*
>
> Mateus 5:9

Na esfera das permutas da vida, o bom sorriso tem preço elevado. É bem cotado em quaisquer ensejos.

Para os tristes é moeda de esperança e alento.

Para os irritados é investimento calmante.

Para os revanchistas é convite à pacificação.

Para os invejosos é dissolvente dos maus sentimentos.

Para os tiranos é senha de libertação.

Para os amargurados é estímulo à melhora.

Para os familiares é declaração de afeto.

Para os estranhos é atestado de aceitação.

Para os excluídos é acolhimento fraternal.

Para os doentes é canção de otimismo na recuperação.

Para o irmão de ideal é mensagem viva do Evangelho em nós.

Sorrir faz bem. O movimento da musculatura facial tem benefícios comprovados para a saúde corporal, além de excelente preventivo para o humor na vida mental.

Sua ausência tem estimulado mal-entendidos, inimizades, pessimismo, afastamento e indisposições que oneram as relações com ampliada dose de dúvidas e desconfiança sobre os sentimentos que carregamos.

Sorrir é exercício feliz para a paz na convivência e mensagem de luz irradiando no coração. O bom sorriso é um ato de cordialidade que transmite o que mil palavras não conseguem dizer, recolhendo da vida as vibrações elevadas, que são extensa fonte de paz e felicidade em favor de nós mesmos.

Tolerância com você

35

*Sede, pois, misericordiosos,
como também vosso Pai é misericordioso.*

Lucas 6:36

Perante cada compromisso de aperfeiçoamento espiritual que você assumir, evite a severidade com si mesmo.

Ainda que deseje ardentemente a corrigenda do proceder, perceberá que a tolerância é a base de qualquer mudança.

Se você já recebe claramente os chamados da consciência nessa ou naquela ocasião de desajuste, é sinal que já possui condição de realizar algo mais.

A criação de um relacionamento sadio e amoroso com suas imperfeições e erros será o caminho para que avalie com proveito o que fazer ante as determinações do progresso.

É comum comparecer o desânimo com os ideais superiores tão somente porque você não aceita as parcelas de culpa e tristeza com as falhas de cada dia.

Pense e medite.

O que será preferível: o recomeço com mais força ou o derrotismo depois de tanto esforço?

A luta transformadora, por longo tempo ainda, será recheada de frustrações e desgostos. E, mesmo que esteja claro ao seu entendimento o imperativo da responsabilidade que adquiriu ante o conhecimento libertador, isso não implica na eliminação imediata das limitações a vencer.

Tenhamos, todos, muita tolerância com nós mesmos. Sempre!

Felicidade e merecimento

36

Não erreis: Deus não se deixa escarnecer; porque tudo o que o homem semear, isso também ceifará.

Gálatas 6:7

Anote alguns caminhos para alcançar a sua paz de espírito:

A superação das culpas.

O perdão incondicional.

O desapego aos bens e afetos.

A consciência tranquila.

Amar o trabalho.

Descansar somente o necessário.

Interessar-se pelo esclarecimento.

Aprender a gostar de si mesmo.

Erguer a caridade em seus passos.

O bem do próximo.

O conhecimento de si mesmo.

A fé no futuro.

O perdão das ofensas.

A paciência com o progresso pessoal.

A instrução libertadora.

O gesto incomum pelo bem de alguém.

O esquecimento das quedas.

A vitória sobre os impulsos.

A tolerância incondicional para com todos.

A fraternidade nas relações.

O dever bem cumprido.

A ausência do desânimo.

O otimismo incansável.

Como vemos, felicidade não é acontecimento de sorte ou escolha do destino.

É uma conquista do esforço permanente pela melhoria de si mesmo perante o próximo, a vida e Deus.

Felicidade é a soma do bem que semeamos, portanto, uma questão de merecimento.

Significado do medo

37

E, atemorizado, escondi na terra o teu talento; aqui tens o que é teu.

Mateus, 25:25

Na longa senda do aprimoramento, você será convocado a decisivos testemunhos. Quem tanto recebe da vida terá aferições proporcionais ao contingente de suas conquistas e possibilidades de êxito.

Não há como passar pela vida sem exames que nos habilitem e promovam.

É comum, nestes momentos, que nos sintamos em colapso interior diante das rajadas do medo.

Considere que essa emoção brota da alma com uma mensagem divina. Medo é o aviso da vida, que alerta perante os desafios. Significa que você está diante de algo para o qual necessita maior cuidado e preparo, a fim de enfrentá-lo de modo digno e proveitoso.

Para muitos, o medo é força paralisante que causa pavor, desânimo e adiamento em fugas lamentáveis. Atemorizado, o personagem da parábola dos talentos escondeu os recursos da misericórdia celeste, em lamentável crise de pavor.

Procure entender o que tem a fazer quando o medo surgir em sua vida.

Por medo do fracasso, o aluno devota-se com mais afinco na hora das provas. Com medo da perda, o assalariado empenha-se em oferecer o melhor para garantir seu sustento. Com medo das decisões, o ser humano é chamado a ter maior ponderação e oferecer as melhores condições na hora das escolhas.

O medo, em verdade, é termômetro interior que lhe permite saber em que aspectos da vida você necessita avançar. É força mobilizadora. Coragem é o medo para a frente!

Perdoar sempre 38

[...] Quem pode perdoar pecados, senão Deus?

Marcos 2:7

Perdão é vida e saúde. Perdão é libertação e paz para a alma cansada de alimentar a ofensa. Perdão é fertilizante que transforma o solo árido da mágoa em terreno fecundo para o plantio da felicidade.

O passado é imutável. Sua relação com ele, porém, pode ser harmônica.

As mágoas que assinalaram sua caminhada de outrora podem e devem ser diluídas no esforço educativo do esquecimento.

Alimentando os sentimentos de hostilidade, acreditando na injustiça pelos golpes cruéis da traição ou da ingratidão, você apenas agrava ainda mais as lutas e atrai novos problemas e mais dor. Enquanto permanecer nas fixações das más recordações, fortalecerá os vermes da revolta e da insatisfação.

Nesse clima infeliz, você se desarmoniza até o exaurimento das energias sutis, fomentando cansaço, depressão, tristeza e até a obsessão.

Perdoar é testemunho de abnegação e humildade que custa menos sacrifício que todos os reflexos da sua ausência.

Peça a Deus, em oração, a força que lhe falta para entender as lições que a ofensa quer ensinar. Confie na mão amiga, na diretriz espiritual que brinda o hoje, e valorize os talentos que cercam você.

Esteja ciente de que não há dificuldades sem motivos necessários.

Recomece, o Pai lhe perdoou. Agora perdoe a si mesmo.

Aceite os acontecimentos que lhe trouxe perdas, construindo a capa protetora da humildade e da fé em um futuro novo, que está a sua espera.

Quanto mais tempo demorar, mais o contágio das mágoas se espalhará e trará a fraqueza. Deus, dentro de cada um de nós, é a fonte de compreensão, bondade e motivação para recomeçar.

Perdoe sempre em favor de sua própria felicidade.

Perante os falatórios

39

O que contamina o homem não é o que entra na boca, mas o que sai da boca, isso é o que contamina o homem.

Mateus 15:11

A fofoca é um hábito que, além de seu caráter de vício verbal, esbarra em conotações acentuadamente afetivas em sua origem. Considere-a como o hábito moral nocivo de dar valor ao que não é importante ou de tirar a importância daquilo que é valorizado nos fatos e nas pessoas.

Na base dessa atitude você poderá encontrar o ciúme, o orgulho, a escassez de autoestima, a cobiça, a inveja, a inconformação, o medo e o pessimismo - sentimentos capazes de trazer a desordem e a ruína por meio das palavras.

Mal-entendidos na convivência podem provocá-la em razão dos interesses pessoais. Intencional ou não, a fofoca é chama vigorosa prestes a incendiar e destruir as melhores relações humanas.

É compreensível que nos círculos sociais, a título de segurança e defesa, muitas vezes tornam-se necessárias as medidas de intervenção, a fim de exterminar seus efeitos e prejuízos. No entanto, nos grupos de amor cristão, nos quais os interesses pessoais não devem prevalecer, só existem quatro atitudes a se aplicar em favor da verdade quando surjam as mentiras verbais: oração, silêncio, trabalho e muito bom humor perante as investidas do verbo leviano.

Se você foi vítima do veneno dos falatórios, use dessa receita infalível e siga adiante, conferindo ao tempo o direito de recuperar a verdade atirada ao lamaçal dos equívocos e da falta de vigilância.

Cuide para que você não seja o instrumento das conversas improcedentes, conferindo-lhes mais atenção do que merecem.

Utilizando da palavra, guarde, por princípio de conduta, a ideia de que, se valorizar o que não vale a pena, ou desprezar o que tem importância, mesmo com as melhores intenções, se colocará no nocivo capítulo da fofoca - o hábito destruidor de distorcer os fatos conforme o que acreditamos e sentimos.

Recomeço

4̇0

Porque a tristeza segundo Deus opera arrependimento para a salvação, da qual ninguém se arrepende; mas a tristeza do mundo opera a morte.

Coríntios 7:10

Arrependimento é o sentimento de recomeçar a caminhada. Sem ele, não caminharemos adiante nas faltas e nos desvios. Sua função é não permitir a desistência, causando o incômodo passageiro que servirá de advertência e impulsão ao desejo em direção às metas maiores de sua consciência.

O arrependimento provoca uma tristeza que solicita o esforço da adaptação ao que precisa ser reparado ou refeito.

Diante dos erros de cada dia, lembre-se sempre, acima de qualquer emoção de abatimento, que o importante é a intenção de melhora, o desejo sincero de avançar.

Para essa qualidade, devemos voltar à reflexão nos instantes de insatisfação perante os enganos e desacertos. Quando você erra, mesmo desejando tanto acertar, pode converter o erro em preciosa lição para o futuro.

Busque em Deus, por meio da oração, a força que lhe falta para se perdoar e prosseguir confiante no recomeço, na reparação de seus equívocos.

Trabalhe, estude, persevere no ideal e, sem que perceba, a luz que há em você começará a brilhar fulgurante e bela, trazendo ânimo, elevação e paz, porque escutará com humildade a voz sábia e condutora de seu arrependimento.

Caminhos pedregosos

4**1**

Mas o pai disse aos seus servos:
Trazei depressa a melhor roupa; e vesti-lho,
e ponde-lhe um anel na mão, e alparcas nos pés;

Lucas 15:22

A vida na matéria é escola de amor em quaisquer circunstâncias que se apresente.

A família e o trabalho social constituem, quase sempre, caminhos repletos de pedras incômodas sobre as quais temos de efetuar uma jornada de ascensão.

Ainda assim, jamais desista de buscar a melhoria pelos caminhos ásperos e pedregosos.

Considere que a Terra é abençoada esfera de provações, com regimes educativos que não folgam com a inércia e a acomodação.

Faça dos pedregulhos dolorosos sob os pés o pavimento de sua libertação. Os pés que caminham sobre o golpe das pedras terminam por adquirir resistência e aptidão para marchar com equilíbrio e firmeza.

Ore, medite e se esforce na marcha abençoada.

A divina misericórdia não deixará de abençoar os seus dias com o suprimento essencial para a trajetória, providenciando sandálias generosas para amenizar a aspereza do caminho.

Diante do retorno do Filho Pródigo, na passagem do Evangelho de Lucas, fica clara a soberana compaixão do Pai para com o filho equivocado.

Faça a sua parte, e Deus não faltará com a Dele.

Semear

42

E falou-lhe de muitas coisas por parábolas, dizendo: Eis que o semeador saiu a semear.

Mateus 13:3

Após anos de vivência na busca pela espiritualização, vencemos empecilhos e superamos testes que nos ampliaram a visão e a experiência.

Chega um momento, porém, que nos sentimos sem horizontes, sem o encanto de outrora com os deveres espirituais. Imaginamos, assim, ter alcançado o patamar possível em nossas conquistas, sendo desnecessários novos aprendizados e esforços.

A vida, entretanto, é constante clamor ao recomeço.

Esse quadro agonizante do esplendor do idealismo é passageira apatia que toma conta de alunos descuidados; que acolhem fantasias de acomodação e descanso improdutivo sob hipnose destrutiva do orgulho e da vaidade.

O agricultor que tudo fez para uma boa semeadura, se após o plantio cruzar os braços para aguardar resultados, poderá se deparar com a plantação arruinada por falta de cuidados indispensáveis ao ciclo da frutificação.

Espante a prostração tóxica da preguiça e acenda a luz da vigilância e do trabalho, consciente de que a grande alegria de todo aquele que quer verdadeiramente avançar é servir e aprender, amar e perseverar.

Semeie, semeie. Saia a semear.

Indulgência com nossas imperfeições

43

Olhai por vós mesmos, para que não percamos o que temos ganho, antes recebamos o inteiro galardão.

João 1:8

Como ser indulgente com imperfeições que sequer admitimos para nós?

Admitir para si mesmo os desejos mais secretos, os sentimentos mais profundos e os pensamentos mais inconfessáveis é caminho de autoconhecimento.

Autoconhecimento, todavia, para significar abertura às mais amplas conquistas no reino da alma, requer a ternura da indulgência amorosa e estimulante, convertendo-se em impulso de crescimento e renovação.

Olhe para suas sombras ocultas como uma promissora gleba de amor, na qual plantará as sementes viçosas na colheita de frutos do bem.

Não existe nada em nós que não seja de Deus. Ilumine o olhar e acolha-se com afeto. Isso é indulgência para com você mesmo.

Diga, por várias vezes, com convicção: Eu sou luz! Eu sou paz! Eu sou Filho de Deus!

Após isso, sinta o halo luminoso da compaixão de Deus que apoia e incentiva sempre.

Diga com fé no coração: Eu me amo! Eu me amo! Eu mereço o galardão de ser feliz!

A pureza da intenção

4 4

Ora, o fim do mandamento é o amor de um coração puro, e de uma boa consciência, e de uma fé não fingida.

Timóteo 1:5

Em certas ocasiões, por imposição dos deveres sociais, você deverá sustentar fachadas emocionais que não gostaria para não perturbar a lei do equilíbrio na convivência.

Diante de sua lealdade consciencial, sentirá o incômodo do conflito lhe agredindo com severos estados de desconforto.

Assim que puder, busque Deus em seu interior pela luz da oração, e ante a claridade da rogativa, indague sobre a pureza de suas intenções nas provas que enfrentar.

Examine seu desconforto e procure nomear adequadamente seus sentimentos. Eles são pistas valorosas sobre sua realidade pessoal e bússola segura para identificar a melhor postura nos desafios das relações.

Cada episódio da convivência que nos constrange a condições emotivas indesejáveis é um clamor do mundo íntimo solicitando-nos mais atenção ao que se passa em nossa vida profunda. É Deus chamando-nos por dentro para que escutemos quais são as lições a assimilar.

No instante em que conseguir o estado de ligação com o Pai, diga a si mesmo, várias vezes: Eu sou sincero e tenho a luz da boa intenção! Sou pureza e sabedoria! Eu sou puro e vejo Deus! Tenho harmonia com todas as partes de minha intimidade! Uma rede de luz une-as em harmonia e paz! Eu vejo Deus nas dificuldades! Eu sou pureza e vejo Deus nas dificuldades!

Resposta de Deus

45

E Jesus, olhando para eles, disse-lhes: aos homens é isso impossível, mas a Deus tudo é possível.

Mateus 19:26

Ainda que imbuídos do verdadeiro espírito de paz e harmonia, várias situações da rotina poderão perturbar nosso estado de equilíbrio interior.

Muitas vezes, os lances desagradáveis são necessários na aferição de nossa resistência e no exame de nossa capacidade de assimilar as lições do bem na escola da vida.

Uma vida em paz não é isenta de lutas e tropeços, erros e desvios, conflitos e desafios. Ao contrário, a paz verdadeira decorre da habilidade de saber extrair o melhor das mais difíceis partes da existência.

Há quem imagine paz como completa ausência de lutas e conflitos, alimentando a vertigem da fuga diante dos testes do aprimoramento espiritual.

Quando assim procedemos, deixamos de aproveitar, tanto quanto deveríamos, o ensino precioso que as contrariedades podem acrescentar a cada lance do caminho diário.

Deus está, também, nos contratempos e nas decepções, nos imprevistos e nas dificuldades.

Para enxergá-Lo com clareza, evite a permanência nas lembranças desagradáveis, que são semelhantes a um eco de longa duração, pelo qual se revive e se amplia os efeitos do desgosto.

Trabalhe, ore e esqueça.

Eis a recomendação para as ocorrências diárias quando se surpreender com aferições inesperadas. Diante desta recomendação, talvez você indague: como trabalhar, orar e esquecer?

Dirige a Deus essa pergunta e não tenha dúvida que Ele responderá, porque a Ele tudo é possível.

De mãos dadas com Deus

46

Manda aos ricos deste mundo que não sejam altivos, nem ponham a esperança na incerteza das riquezas, mas em Deus, que abundantemente nos dá todas as coisas para delas gozarmos;

Timóteo 6:17

Você procura Deus nas posses, e Ele nem sempre surge na fartura.

Procura nos templos, e Ele nem sempre aparece na devoção.

Procura na vida com folgas, e Ele nem sempre se expressa em zonas de conforto e segurança transitória.

Onde, então, encontrar Deus?

Deus está em todas as esferas como sendo a energia incontestável do bem infinito. Mesmo no charco que reflete a luz do sol, lá está a manifestação luminosa do Pai.

Nem a opulência, nem a devoção, nem o conforto, no entanto, serão caminhos para o encontro libertador, se você não cultivar, antes de tudo, dentro da alma, a certeza consolidada de que nenhuma experiência aparente é capaz de substituir a mais rica e preenchedora sensação de sentir Deus.

A maior ilusão em relação ao Sagrado, na caminhada de aprimoramento, é querer encontrar a essência da vida nas conquistas perecíveis.

E sentir Deus é manter-se conectado ao Pai em estado de serenidade e fé imorredoura, garantindo, assim, a sustentação emocional essencial para fazer de cada situação exterior, um instrumento efetivo na garantia de sua vinculação com Ele.

Riqueza, devoção e conforto ganharão um significado libertador quando você estiver de mãos dadas com o Pai.

O recado das depressões

47

> *E, na verdade, toda a correção, ao presente, não parece ser de gozo, senão de tristeza, mas depois produz um fruto pacífico de justiça nos exercitados por ela.*
>
> Hebreus 12:11

Tendência ao isolamento. Indisposição para decidir e pensar.

Vazio íntimo inexplicável. Indefinição nos sentimentos.

Vontade de parar e desistir de tudo, sem nada fazer.

Estado interior de incômodo indefinível.

Desejo de chorar.

Irritação com tudo e com todos.

Sentimento de impotência por achar que não suportará as responsabilidades assumidas.

Exagerada preocupação com problemas de fácil solução.

Forte apelo para deitar e dormir por tempo indeterminado.

Sintomas como esses, que surgem sem motivos plausíveis, quando conjugados três ou mais simultaneamente podem caracterizar uma depressão intermitente. Quando persistem, podem reduzir os períodos de intermitência e tornarem-se um quadro clínico conhecido como depressão crônica.

A depressão é curso intensivo de aprendizado na descoberta de velhas mazelas da alma, das quais você foge há milênios. É um sintoma do quanto tem caminhado sem buscar a conexão com sua luz própria.

Na escuridão da tristeza existe uma mensagem sagrada de libertação.

Perante a depressão, anote o recado singular que parte das regiões mais ignoradas e sufocadas de seu ser: Deus está lhe dizendo que você pode e merece ser feliz.

Caminha com paciência

4 8

> *[...] deixemos todo o embaraço, e o pecado que tão de perto nos rodeia, e corramos com paciência a carreira que nos está proposta,*
>
> Hebreus 12:1

Em variadas ocasiões você se decepcionará com seus progressos na arte de reeducar os hábitos da conduta.

Vigie as aspirações e seja paciente.

Com rigidez, atrairá o desânimo e o desencanto.

Punindo-se com o remorso, enfraquecerá o volume das sagradas energias do idealismo de se superar.

Perturbando-se com a irritação, não enxergará o caminho da reparação.

Alimentando a ansiedade, mentalizará objetivos inatingíveis por agora.

A paciência situa nossa mente na medida exata daquilo que podemos realizar, adoça nossa vida mental com serenidade e, sobretudo, gera estímulos vigorosos para a ação renovadora de cada dia.

Após anos de descuidos, não se iluda quanto ao contingente de lutas que encontrará na redentora jornada da reconstrução das forças interiores.

Prossiga sem cessar, porque somente quem persevera descobre, pelo trabalho, a estrada da liberdade. Recorde que, com paciência, você poderá conquistar o estado interior desejável, para que amanhã, em novos e inesperados deslizes, proceda com acolhimento e sabedoria com suas próprias faltas.

Sem olhar para trás

49

E Jesus lhe disse: Ninguém, que lança mão do arado e olha para trás, é apto para o reino de Deus.

Lucas 9:62

Aspiramos conquistar o estado de felicidade. Devotamos horas de cooperação e esclarecimento ao bem nas tarefas da espiritualização.

Vem o momento no qual, sorrateiramente, o desânimo procura nossos pensamentos, inclinando-nos à fuga pelo desculpismo. Assombram-nos doenças e mal-estares, imprevistos e mal-entendidos, além de vigoroso sentimento de inutilidade.

É nesse momento que a vigilância se faz inadiável e oportuna.

O idealismo espiritual é tarefa de longo prazo que brilhará abundante em nosso íntimo quando consolidarmos valores novos nas trilhas da fé e da razão iluminada. Até que isso ocorra, mesmo suspirando por sendas libertadoras, carregaremos o dever desafiador do serviço de renovação dos condicionamentos do passado que nos tolhem a liberdade.

Apesar das lutas, mantenha-se firme, vencendo os obstáculos que surgem sem abrir mão do dever de se esforçar e perseverar. Ninguém que lança mão do arado fica órfão do essencial para edificar uma sementeira produtiva e viçosa.

Avance olhando para a frente e acreditando na bondade de Deus, que a todos espera no trabalho honesto do recomeço, dia após dia, quantas vezes se fizerem necessárias.

Procurando Deus na oração

50

Mas tu, quando orares, entra no teu aposento e, fechando a tua porta, ora a teu Pai que está em secreto; e teu Pai, que vê em secreto, te recompensará publicamente.

Mateus 6:6

Pai, recomeçando o dia com alegria, guardo a esperança de ser útil.

Se puder contar contigo, eu agradeço. Com apelo sincero e fervoroso, suplico a Tua proteção e consolo.

Ampara-me para que eu possa trabalhar e servir, aprender e avançar, resguardando-me do que for fútil.

Os desafios que me esperam os entenderei como exames de progresso. Dai-me a força que me falta para vencê-los.

Os desgostos que surgirem, os olharei como testes de perdão.

Deposita em meu coração o sentimento do bem para que minha visão se ilumine.

Considerarei as diferenças alheias particularidades de cada um.

Amplia minha capacidade de amar indistintamente.

Nas incompreensões que sofrer, procurarei me deter no melhor de cada um.

Fortalece-me para ser generoso tanto quanto necessário.

Perante os falatórios improdutivos, ajuda-me a conter os ímpetos da maledicência e guardar o silêncio.

Ante os apelos do mal, vou procurar-Te na oração.

Ajuda-me a lembrar sempre do bem que anseio semear.

Se algo mais posso rogar-Lhe, antes mesmo de tudo que supliquei, é que me ajudes a senti-Lo em cada uma das situações difíceis pela qual tenha de atravessar, a fim de que eu não me afaste da parte que me cabe em cada um dos meus pedidos.

Obrigado, meu Deus!

Fica em mim hoje e sempre, assim seja!

Índice - Parte 3

Apresentação 212
01. Antídotos eficazes 213
02. Decepção e amor 215
03. Dores de Deus 217
04. Caminhos mentais 219
05. Liberte-se do ontem 221
06. Perdão das ofensas 223
07. Abertura para o auxílio 224
08. Perante o passado 225
09. Indagações oportunas 226
10. Responsabilidade com sua cura 228
11. Pacifique seu grupo 230
12. Seja um aliado de si mesmo 231
13. Paralisia e autoestima 233
14. Para superar a rotina 235
15. Companheiros invisíveis..........................237
16. Porta estreita 238
17. Sugestões de autoamor 240
18. Colabore com Deus 242
19. Termômetro da tolerância 243
20. Pressões psíquicas e autoconhecimento ..245
21. Orar pelos desafetos 247
22. Por que precisamos da dor? 249
23. Renove sua intenção 251
24. Nas crises do coração 252

25. Aflições inúteis 254
26. Presente e futuro 256
27. Perdão e trabalho 258
28. Assuma seu leito 260
29. Crenças 262
30. Perdas 263
31. Angústia e recomeço 264
32. Trio infalível 265
33. Admiração e inveja 267
34. Algemas no lar 268
35. Confie no bem 270
36. Desemprego 271
37. Morte e doença 273
38. Fé e oração 274
39. Provas terminais 275
40. Resista a tentação 276
41. Perseverar e vencer 278
42. Foco positivo 280
43. Dores do afeto 281
44. Rumos superiores 283
45. Drágeas de otimismo 285
46. Na falta de gentileza 287
47. Tarefas e carmas 289
48. Meditação da rosa 291
49. Visão 292
50. O Foco da felicidade 293

Apresentação

Receitas para a Alma é como uma colcha de retalhos do dia a dia, tecida com o carinho da atenção e o carinho de corações anônimos que se ocupam no serviço de amenizar as nossas dores.

Pequenos lembretes que nos auxiliam sempre a recordar a palavra sábia do Evangelho e a atitude aprimorada pela moral cristã.

Em dias tormentosos, a meditação é a atitude preventiva de imunização contra as dores da alma. Alinhavamos a seguir algumas anotações singelas para retiro mental dos corações sedentos de paz.

Busque o aconchego da prece e revitalize suas forças.

Ermance Dufaux
Belo Horizonte, janeiro de 2009

Antídotos eficazes

01

E falou-lhe de muitas coisas por parábolas, dizendo: Eis que o semeador saiu a semear.

Mateus, 13:3

Irritação? Respire calma e profundamente e recolha-se ao silêncio.

Aborrecimentos? Mantenha a mente ocupada e cultive a esperança.

Dor? Sustente-se na oração e procure cuidar das raízes de seus incômodos.

Desânimo? Repouse o necessário para que depois possa trabalhar naquilo que gosta.

Enfermidade? Aceite-a sem queixas, estabelecendo com ela um entendimento pacífico.

Aflição? Procure Deus na prece e suplique-Lhe, equilibradamente, o socorro de que carece.

No reino da alma, semelhantes antídotos são forças revigorantes no resgate da própria paz. São sementes que plantamos, cujos frutos serão fontes de reabastecimento e estímulo para a colheita diária.

O semeador semeia e a vida contribui com suas leis generosas devolvendo-lhe uma colheita justa e misericordiosa em favor da leira do progresso.

Decepção e amor

02

Então disse Jesus aos doze:
Quereis vós também retirar-vos?

João, 6:67

Em alguns momentos, você terá decepções em seus círculos de relacionamento, mesmo com aqueles com os quais julgava guardar maior soma de afinidade.

O clima de confiança será abalado.

Você tenderá a adotar o distanciamento como adequada solução, sob o golpe de sentimentos e desejos inconfessáveis.

Tenha calma e serenidade. Harmonize-se com suas reações, pense nos empreendimentos de amor que assumiu e prossiga adiante fazendo o melhor.

Concede ao tempo a oportunidade de sinalizar o que a ocasião pode ensinar e espera de você na esfera de suas companhias, em favor de si mesmo.

Até mesmo em relação a Jesus, muitos se retiraram.

Seja prudente e avalie cada lição que a vida lhe oferece. Espere um pouco mais e depois decida pelo melhor. Não existe convivência sem desapontamentos. Não existe amizade sem a prova da decepção.

Por meio de tais provas, muitas vezes, você medirá suas expectativas excessivas e compreenderá que ninguém será exatamente aquilo que você espera.

Ainda assim, jamais desista de amar, aceitando a todos em suas diferenças.

Dores de Deus 03

Vinde a mim, todos os que estais cansados e oprimidos, e eu vos aliviarei.

Mateus, 11:28

A dor é mestra educativa e libertadora.

Aprenda a discernir nos problemas de cada dia a lição produtiva que a dor possa ministrar em favor de suas necessidades de aperfeiçoamento.

Vigie, contudo, o sofrer voluntário, aquele que surge de sua imprudência ou desleixo, a fim de que saiba aferir quais são as "Dores de Deus"[1] pelo seu progresso e quais as carências novas que você apresenta ante os descuidos com o dever.

Não se esqueça de que suas escolhas são opções de crescimento nas quais você deve sempre encontrar preciosos ensinos. Venham de Deus ou de você, procure tirar a melhor parte e siga adiante, sem desistir do sublime ideal de ser feliz.

---

1 Aqui entendemos se tratar das dores as quais o Princípio Inteligente está submetido na sua rota evolutiva, destacadamente, no reino animal.

Em quaisquer circunstâncias, procure o Mestre Jesus. Sem dúvida, não tardará o alívio para que você prossiga rumo a dias mais ricos de esperança e alegria em seus passos.

Caminhos mentais

04

E Jesus, estendendo a mão, tocou-o, dizendo: Quero; sê limpo. E logo ficou purificado da lepra.

Mateus, 8:3

Desconforto moral é o que você sente quando pensamentos infelizes invadem a acústica de sua mente.

Intenso sentimento de culpa assoma o seu coração, desajustando o seu emocional.

Você se entristece por pensar o que não queria.

Seja benevolente consigo mesmo. Aplique a disciplina e a vontade com compaixão e pacifique-se por meio de ordens mentais de integridade e recomposição.

Lembre-se que ainda há pouco, antes de conhecer a luz das verdades espirituais, você não só pensava, mas também agia de conformidade com suas más inclinações.

Tenha calma com o caminho de volta para o Pai.

Você já conseguiu muito lutando contra tais tendências. Continue firme que o tempo lhe trará as conquistas que anseia e iluminará a sua mente com a sabedoria e o equilíbrio.

Faça sua parte. Mobilize os seus recursos internos e o Pai abençoará com Sua Vontade lúcida, auxiliando a limpar todas as impurezas que você carrega, temporariamente, na sua vida mental.

Liberte-se do ontem

05

Pois, se nem ainda podeis as coisas mínimas, por que estais ansiosos pelas outras?

Lucas, 12:26

Na medida em que você amadurece espiritualmente, vem o desejo de reorganizar as experiências mal vividas no ontem.

Sentimento louvável e elevado, contudo, não se desgaste emocionalmente em cobranças e indisposições em razão do atordoamento que as noções de compromisso e carmas possam lhe inspirar.

Muitas vezes, o voluntário esquecimento de acontecimentos e até mesmo o afastamento de alguns corações será oportuna decisão em favor de dias mais estáveis na conquista de sua paz.

Libertar-se do passado significa soltá-lo, deixá-lo ir.

Em verdade, tal atitude é uma prova incontestável de aceitação e humildade.

Se pensar bem, você verá que não tem nenhum poder sobre o que passou, muito menos poderá governar o seu futuro.

Prisão no passado gera tristeza. Prisão no futuro gera ansiedade.

Entretanto, em relação ao presente você pode tudo. É o mínimo que a vida lhe confere em prol da sua liberdade.

Perdão das ofensas

06

> *[...] perdão das ofensas.*
>
> Questão 886 de *O livro dos espíritos*

Na esteira da evolução, quase sempre é impagável o montante de dívidas na contabilidade das ofensas.

Quando você é magoado, o ofensor se transforma em algoz e adversário, desajustando os seus sentimentos.

A ofensa caminha com você em qualquer lugar e hora, incendiando seus pensamentos.

Muitas vezes, sua conversa ganha combustível em larga escala para a produção do desdém, ingerindo o veneno da calúnia.

E nas ações, você age como se fosse um combatente sempre pronto para o revide.

Feliz resposta dos Sábios Guias à questão acima: "[...] perdão às ofensas".

Não disseram eles: "perdão dos ofensores".

A diferença sutil está na dolorosa coragem de dissolver em si mesmo a mágoa da ofensa, independentemente do ofensor.

O perdão das ofensas é atestado de saúde espiritual e autoamor.

Abertura para o auxílio

07

E, não podendo aproximar-se dele, por causa da multidão, descobriram o telhado onde estava, e, fazendo um buraco, baixaram o leito em que jazia o paralítico.

Marcos, 2:4

O símbolo desse buraco no teto é rico em reflexões.

Se você deseja auxílio e amparo, deverá adotar o rompimento com as concepções que lhe protegem o abrigo da experiência. Abrir uma fresta na estrutura de suas concepções.

Crenças e conhecimentos podem manter você em extenso e pernicioso leito de comodismos e vantagens, distante dos Caminhos Divinos.

Cultive a humildade na rotina das horas a fim de não construir bases para a ilusão.

Acostume-se a ouvir e a permutar valores, dilatando a benfazeja abertura mental para a vida. Subtraia de você mesmo os leitos provacionais da dor voluntária.

Perante o passado

08

E Jesus, vendo a fé deles, disse ao paralítico:
Filho, perdoados estão os teus pecados.

Marcos, 2:5

Você se pergunta sobre como há de resolver os conflitos de sua alma carregando tantos erros do passado.

As lembranças trazem amargura, levando você ao desânimo e aflição.

Assuma atitude nova perante seus lances de infelicidade, para edificar sendas de espiritualização e amor.

Se você se deitar no leito e desistir, não poderá prever a extensão de novas perdas no futuro, em razão de escravizar-se voluntariamente ao ontem.

O tempo é um sábio diluidor das más recordações, mas, para isso, ele necessita do arrimo do trabalho incessante e da oração que refaz.

Que maior expressão de fé você pode ter que avançar para a frente, ainda que sob a fatigante tormenta dos pensamentos que teimam em manter você na retaguarda?

Indagações oportunas

09

E Jesus, respondendo, disse-lhes: Eu também vos perguntarei uma coisa; se ma disserdes, também eu vos direi com que autoridade faço isto.

Mateus, 21:24

Periodicamente, examine consigo mesmo como está sendo feita a sua trilha pessoal na iluminação da sua consciência.

Autoridade nesse terreno é fruto de lucidez acerca de seu mundo pessoal.

Deixei de cumprir algum dever?

Alguém tem algo a se queixar de mim?

Que posso fazer para ser mais útil?

Esqueci de cativar algum laço afetivo?

Estou zelando pelo meu corpo físico?

O que gostaria de alcançar hoje que ainda não consegui?

Quais sentimentos têm predominado em minha vida emotiva?

Adiei alguma decisão necessária?

Existe algo que preciso esquecer?

Quem estará precisando de mim neste momento?

Como estaria na vida espiritual se a morte me visitasse hoje?

Tenho conseguido viver o presente?

Quantas e quantas perguntas você pode enumerar e fazer, oportunamente, em favor do seu autoconhecimento.

Muitas vezes, saber construir indagações significa abrir caminhos nos quais a ignorância tem procurado dominar.

Responsabilidade 10 com sua cura

[...] vai-te, e não peques mais.

João, 8:11

Recorra aos templos e grupos de socorro em busca da orientação e do alívio. Solicite a Deus o apoio de que tanto carece. Utilize os esplendorosos recursos da misericórdia celeste em favor de sua cura. Desabafe, instrua-se, revigore-se na oração, refaça as suas energias.

Recorde que nenhuma enfermaria foi criada para se restituir estando com saúde. O leito acolhedor é fonte de recomposição nos instantes agudos da dor e da doença.

Peça, alivie-se e cuide para não transferir responsabilidades que a você competem no exercício de cada dia, em favor de sua recuperação definitiva.

Vai e não peques mais é o convite para você assumir o desafio de sua cura, compreendendo claramente que, se necessita de arrimo, chegará o momento no qual será chamado, igualmente, a oferecer a mão amiga e o ouvido atento, a palavra sábia e a atitude fraterna.

A ajuda que já podemos ofertar por menor que seja é, sem dúvida, o tributo mais valoroso que podemos oferecer à vida na busca da cura pessoal.

Pacifique seu grupo

11

Bem-aventurados os pacificadores, porque eles serão chamados filhos de Deus.

Mateus, 5:9

Nos labores em equipe, não espere somente êxito e ventura.

É justo que anseie por alegria e encanto, harmonia e paz nas relações, entretanto, recorde sempre que tais conquistas de amor solicitam esforço e abnegação, entendimento e perdão, renúncia e paciência.

Quando as crises avançarem em seus conjuntos de ação, aferindo os seus dotes morais, não se esqueça das diretrizes seguras de conduta — esteios de todas as vitórias nos empreendimentos do bem.

Dá de si mesmo sem esperar. A vida lhe convocará à condição do lavrador cuidadoso, permitindo-lhe a gerência de seus atos. Antes, porém, você terá de aprender a ser o semeador que se entrega à lavoura sem exigências, abdicando de limites e condições.

Colheita farta exige semeadura correta.

Pacifique seu grupo. A vida, a seu tempo, responderá com mais largas possibilidades para você escolher e agir.

Seja um aliado de si mesmo

Concilia-te depressa com o teu adversário, enquanto estás no caminho com ele [...].

Mateus, 5:25

É compreensível a sua sinceridade diante dos propósitos de renovar os costumes e hábitos morais. Louvável a sua honestidade em querer acertar. Surpreendente o seu esforço pela vigilância dos hábitos menos sadios. Sua intenção é o tesouro mais precioso para a sua própria melhoria.

Ainda assim, algumas vezes, defrontarás com a queda, o remorso e o desânimo.

Temos milênios de trevas contra os nossos mais sinceros anseios de luz.

Quando você derrapar perante a própria consciência, não aplique a si mesmo o regime da impiedade. Seja complacente consigo. Seja um aliado de si mesmo no bom combate do aprimoramento espiritual.

A rigidez não educa. Reprime.

Examine sua falta com afabilidade e agradeça por já conseguir percebê-la. Ainda ontem, você nem sequer se preocupava em admiti-la.

Prossiga em seu compromisso de aperfeiçoamento e guarde a certeza de que a vitória é uma meta gloriosa, mas para quem se torna inimigo de si mesmo será bem mais sofrida.

Paralisia de autoestima

13

E vieram ter com ele conduzindo um paralítico,
trazido por quatro.

Marcos, 2:3

Quanto mais as experiências o castigam com sofrimentos e tribulações, mais desamor você pode cultivar para consigo mesmo. Você se arrepende, se desanima, se despreza, julgando-se incapaz.

Pare um pouco e medite. A escassez de estima o leva a novas quedas, aumenta sua tristeza e nada resolve.

Aquele paralítico da passagem evangélica, depois de esmorecer quase por completo junto ao leito da miséria afetiva no desprezo a si mesmo, teve, então, a humildade de rogar intercessão àqueles quatro auxiliares que o levaram ao Mestre Jesus.

Assuma esse compromisso e vença a paralisia do desleixo, da descrença e da raiva de si mesmo.

Perdoe, rogue amparo e supere o doloroso leito de suas provas cerceadoras.

Aprenda a pedir socorro diante de suas dores.

O triunfo perante seus padecimentos será fonte de independência, caminho de enriquecimento pessoal e acesso à liberdade.

Para superar a rotina

¹4

*[...] se os teus olhos forem bons,
todo o teu corpo terá luz.*

Mateus, 6:22

A vida exige disciplina e ordem nas linhas da repetição. Você pode, porém, a cada dia, usar da criatividade e renovar suas formas de agir e reagir.

Naquilo que puder, altere a sua conduta e verá as respostas de seus sentimentos. Aprenda a desenvolver um olhar diferente e toda sua vida refletirá a luz de sua visão ampliada.

Um trajeto novo, um horário diferente, uma pausa para meditar, uma leitura relaxante, uma conversa diferente, um lugar menos comum, uma atitude inesperada, um vestuário fora do hábito, uma visita adiada.

As reações serão sentidas no dinamismo diário por meio de constantes mudanças no fundo do coração.

Quem não inicia o rompimento com a rotina por fora, encontrará maior soma de obstáculos para transpô-la por dentro.

Experimente e verá que a mudança íntima solicita também apoio dos estímulos na formação de sua percepção.

Seus olhos, seu instrumento de ascensão.

Sua visão, sua vida.

Companheiros invisíveis 15

Abriram-se-lhes então os olhos, e o conheceram, [...].

Lucas, 24:31

Nos dias dolorosos da provação, durante as crises mais intensas, parece faltar-lhe força e fé, companhia e apoio.

Você tem a sensação de abandono e clama no silêncio dos pensamentos por alguém que lhe estenda a mão amiga.

Contudo, as aflições consomem suas esperanças. Sua resistência, pouco a pouco, se extingue.

Lembre-se, nessa hora, daqueles companheiros invisíveis aos olhos, que se encontram sempre atentos aos dramas da dor.

Deus, em seu celeiro abundante de misericórdia, tem recursos que você não imagina a extensão.

Ore, acalme-se, medite e recorra ao trabalho. O alívio, certamente, não tardará em forma de benefício e amparo.

Porta estreita 16

E porque estreita é a porta, e apertado o caminho que leva à vida, e poucos há que a encontrem.

Mateus, 7:14

Tocado pela luz da espiritualização, você assume novas sendas rumo à sua libertação e progresso. Contudo, pode trazer consigo um montante de lutas e problemas consolidados na esteira do tempo.

Culpas emergem, reações adversas surgem desanimando-o e, ante as viciações morais, você tomba na tristeza persistente e na ansiedade pela melhora. No descuido, decide pelo abandono dos ideais, já que os obstáculos parecem intermináveis.

Acalme seu pensamento na oração, trabalhe um pouco mais e partilhe seu mal-estar por meio da conversa amiga e confidente.

Evite ocupar-se com o lixo das fantasias que oneram o seu campo mental com ideias de loucura e obsessão, e que agrega mais dissabores.

Crises são períodos de dor convocando, em regime de urgência, o recurso do apoio, da reavaliação e do recomeço em bases novas, visando um futuro melhor.

Tais medidas de paz e equilíbrio terão resultado se você se dispuser a perseverar, dia após dia, na santificada tarefa do dever que o imunizará contra o assédio alucinante da porta larga.

Sugestões de autoamor

17

E outra caiu em boa terra, e deu fruto [...].

Mateus, 13:8

Crenças positivas.

Sonhos de aperfeiçoamento.

O bem do próximo.

A ação caridosa.

A fala tolerante.

A cordialidade indistinta.

O respeito aos diferentes.

A convivência pacífica com as diferenças dos semelhantes.

O descanso necessário.

A amizade incondicional.

O esquecimento das ofensas.

Viver o presente sem medo e sem culpa.

Acreditar no futuro feliz.

Cuidar de si mesmo é semear em boa terra. No tempo propício, o fruto surgirá em seu próprio favor, iluminando os seus passos com sabedoria, força e brandura a cada dia.

Colabore com Deus

18

E ele lhe disse: Filha, a tua fé te salvou; vai em paz, e sê curada deste teu mal.

Marcos, 5:34

Embora encontre alívio e apoio nos alicerces da "fé exterior", nos templos religiosos, não se esqueça que somente sua fé interior será o sustento decisivo perante os obstáculos a vencer.

Muitos corações fervorosos terminam como viciados pedintes da misericórdia celeste, suplicando bênçãos sem limites ou facilidades que não fazem por merecer. Acomodam-se, inadvertidamente, na zona da ilusão em franca queda para a obsessão, e esperam tudo da vida sem nada oferecer.

A religião que liberta, e que nos liga verdadeiramente a Deus, é construída no caráter sólido e na consciência reta.

Peça a mão de Deus em seu favor. Saiba que o Pai também espera que você movimente suas mãos no serviço santificante de crescimento e solidariedade em favor de um mundo melhor.

Termômetro da tolerância

19

Na vossa paciência possuí as vossas almas.

Lucas, 21:19

Pode chegar um instante na convivência em que você será chamado a aplicar a tolerância edificante.

Tudo é calmaria e virtude, júbilo e encantamento, até que surjam ações e decisões inesperadas que golpeiam suas expectativas ou interesses.

Neste momento, podem nascem a decepção e a contrariedade, estabelecendo o teste do amor incondicional. Hora de aferição no termômetro da tolerância. Tempo de medir suas reais e sinceras disposições para o perdão, a paciência e a compreensão.

Sem isso, como zelar pelo entendimento?

Sem esse termômetro de tolerância, como ajuizar sobre suas mais honestas disposições para vencer as expressões do personalismo?

Procure força na oração sincera e busque dar o melhor de si pelo bem alheio. Tolerância é atitude de quem se liberta do doentio apego ao julgamento rígido.

Abra-se para a vida e prossiga estendendo os seus sentimentos nobres sempre a todos, em quaisquer circunstâncias. O primeiro beneficiado, inquestionavelmente, será você.

Pressões psíquicas e autoconhecimento

20

Porque do interior do coração dos homens saem os maus pensamentos [...].

Marcos, 7:21

Nas experiências de pressões psíquicas, passados os momentos de maior assédio, será oportuno investigar as causas de semelhantes ocorrências em si mesmo.

Através de um sincero autoexame, verifique quais os pontos morais e mentais podem ter servido de conexões com as mentes em desalinho. Tal aferição dilatará o seu discernimento.

Você perceberá que as tormentas obsessivas são convites autênticos de autoconhecimento e ocasião para a solidariedade com quantos ainda carregam afinidades com suas próprias mazelas.

As pressões vêm de fora, mas a obsessão, invariavelmente, nasce de dentro, através dos pontos ainda obscuros de sua personalidade. Faça luz sobre sua sombra e descubra estes pontos em favor da melhoria de seus estados interiores.

A obsessão é, sem dúvida, um espelho fiel de você mesmo.

Orar pelos desafetos

21

[...] e orai pelos que vos maltratam e vos perseguem [...].

Mateus, 5:44

Orar pelos desafetos é um excelente recurso de autoamor.

Você dirá que não consegue ou alegará que eles não merecem isso de você depois da ofensa, da indiferença e da humilhação que lhe impuseram.

Pense um pouco. Principalmente você que já tem os roteiros de paz do Evangelho. Quando se recolher no clima da oração sincera você estará beneficiando não somente aqueles com os quais não tem afinidade.

As mentalizações da prece aliviam, asseiam e fortalecem, livrando você dos pensamentos enganosos de vingança e desentendimento que brotam na mente, em razão dos maus sentimentos.

A prece pelos inimigos é pílula de juventude e saúde, considerando que, ao asilar a mágoa e o ódio no coração, você permite a formação de campos psíquicos para a dor e a fraqueza espiritual.

Fortifique-se na oração, suplique amparo para os desafetos e verás o quanto obterás, antes de tudo, em seu próprio bem.

Por que precisamos da dor?

22

É necessário que eu diminua e o Cristo cresça.

João, 3:30

Eis algumas respostas à indagação acima proposta:

Antídoto de muitos males.

Formadora de novos hábitos.

Indicadora eficaz do encontro consigo mesmo.

Ressarcimento perante a consciência.

Fornalha renovadora das densas energias da culpa.

A dor é a mestra insubstituível que o arroja, qual as ondas do mar, nos rochedos do sofrimento, sobretudo para que você descubra a extensão da sua falibilidade perante a vida.

Reconhecendo seus limites, você aceitará de bom grado caminhar de mãos dadas com o Pai, sem pretensões que consomem seus atos em lamentáveis crises de orgulho, quando supõe poder mais do que realmente pode.

Se você aprender essa lição, estará apto e aprovado, ante as Leis Divinas, a navegar no mar da vida em segura embarcação de paz interior, guiado pelo farol da misericórdia.

Renove sua intenção

23

> *Porque onde estiver o vosso tesouro, aí estará também o vosso coração.*
>
> Mateus, 6:21

Você costuma explicar a origem de seus problemas transferindo as causas dos desgostos e das decepções para pessoas, acontecimentos e lugares?

Construa uma nova ótica sobre os acontecimentos e vai perceber que os problemas de fora são tão somente a expressão das mazelas que você carrega por dentro.

Onde você depositar o foco de suas atenções estará o seu coração.

Aprenda a transformar seus valores. Aprimore seu saber e sua intenção, e começará a examinar os dissabores por outra perspectiva. Enxergue em você mesmo a solução eficaz ou a algema angustiante.

O mundo de fora, em muitas das circunstâncias, reflete o que você traz nas profundezas do coração.

Seus interesses, seu tesouro. Seu tesouro, sua busca.

Agasalhe melhores aspirações e se surpreenderá com a renovação dos painéis da vida em torno de seus passos.

Nas crises do coração

24

Mas outra vez vos verei, e o vosso coração se alegrará, e a vossa alegria ninguém vo-la tirará.

João, 16:22

As crises emocionais são semelhantes a breves e dolorosas cirurgias na alma, convocando-nos aos exames de otimismo, resistência e responsabilidade.

As crises do coração doem muito, é bem verdade. São similares a rasgos sem anestesia para expurgar a dor da mágoa ou da inconformação diante dos trâmites inesperados da separação afetiva.

Somente utilizando corretamente as imposições da dor inevitável credenciamo-nos à libertação de velhas amarras que retardam nosso caminho de ascensão.

Substitua o sofrimento da perda e da decepção pela decisão de trabalhar com alegria e prossiga com imbatível fé em Deus.

Chore, alivie sua alma, rogue amparo, desabafe e retome logo seus passos na direção do amanhã.

Jamais faltará a você proteção na retomada de suas energias. Recorde que ninguém pode roubar de você o direito de continuar servindo e aprendendo, caso tenha a coragem de marchar em busca de seu próprio bem.

Guarde a certeza de dias melhores e mais promissores. Deus abençoará sua caminhada de luz e o seu coração se alegrará novamente.

Aflições inúteis 25

Não andeis, pois, inquietos, dizendo: Que comeremos,
ou que beberemos, ou com que nos vestiremos?

Mateus, 6:31

As aflições vão e vêm no esforço da luta material. Porém, elas são, quase sempre, vazias, inúteis e fantasiosas.

Geram manifestações enfermiças de medo e preocupação, egoísmo e apego. Elas machucam, levam ao tédio e ao esgotamento.

Ante semelhante estado psicológico, a recomendação ecoa nas profundezas da consciência lúcida: trabalhar, persistir e pensar no presente.

Não se martirize em relação ao futuro. A cada dia os seus fatos.

Se hoje você cumpre o dever e, no entanto, a vida não brinda você com fartos recursos para prover e prever o amanhã, aplique-se ao serviço em oração, fazendo o melhor que possa ao seu alcance.

Mantenha acesa a chama da fé, nutrindo o coração com a luz da esperança. Com essa postura atrairá o otimismo, a energia e a serenidade aos seus passos.

Livre da opressão da ansiedade, você enxergará as alternativas que Deus aponta, deixando claro que ninguém fica desamparado em tempo algum, hoje e sempre.

Todo resultado na vida é a soma do trabalho da criatura e das leis sábias do Criador, que estão sempre conspirando em favor de dias melhores e mais seguros para quantos O procurem nos roteiros de cada dia, na escola da vida.

Presente e futuro

26

Não vos inquieteis, pois, pelo dia de amanhã, porque o dia de amanhã cuidará de si mesmo. Basta a cada dia o seu mal.

Mateus, 6:34

O sonho em forma de mentalizações acerca de seu progresso e crescimento é valorosa expressão de autoamor. Impulsiona você para a frente, em busca daquilo pelo que anseia.

Vigie, porém, os limites frágeis entre os sonhos de progresso e as ilusões que projetam no campo mental os quadros da fuga.

As insatisfações com a existência são avisos justos da vida íntima acerca da necessidade de educação. Procure examinar com cautela a natureza de tais recados de seu mundo emotivo.

Você perceberá que a vida, na realidade, é edificada conforme as ações de cada dia. Grande distância existe entre pensar o futuro e viver o presente, entre mentalizar e agir.

Faça o seu melhor no dia de hoje sem as angústias com o futuro.

Procure na sua consciência a indicação precisa para o seu presente e o futuro; inevitavelmente, será a porta de entrada aos anseios nobres que sua alma busca para a iluminação de si mesmo.

Perdão e trabalho

27

Eu sou a luz do mundo; quem me segue não andará em trevas, mas terá a luz da vida.

João, 8:12

Qual de nós não passa por dias sombrios? Ainda que desejando acertar, você se defrontará com o erro proveniente de suas imperfeições.

Seus atos passados são patrimônio de sua jornada para Deus, mesmo quando não consegue triunfar.

Perdoe-se e busque o trabalho, recursos eficazes para o recomeço fortalecedor. Perdão e trabalho são as chaves do futuro feliz.

Olhe para a frente e pense em quantas foram as suas vitórias. Por que valorizar uma pequena derrapada moral, quando diante da vida você tem enfrentado com bravura os mais desafiantes obstáculos?

Fixe a mente no otimismo e caminhe. A ação benfazeja de hoje iluminará seus passos para que a lição de ontem se torne um roteiro de cuidados imprescindíveis à sua verdadeira libertação.

Que dizer do agricultor que diante da sementeira farta vier a cruzar os braços porque se esqueceu de irrigar a plantação por apenas um dia?

Qual de nós não sucumbirá no cansaço ou na invigilância por algum instante?

Prossiga e continue seu esforço. Deus abençoará os seus dias fazendo luz e o arrimando para o êxito pleno.

Assuma seu leito

28

A ti te digo: Levanta-te e anda, toma o teu leito e vai para tua casa.

Marcos, 2 :11

O paralítico, submetido ao leito de provas, chega àquela enfermaria da vida para o encontro sublime com o Mestre Jesus, o médico do amor.

Depois de ter restaurada a saúde, recebe a bendita orientação de Jesus: "toma o teu leito", adquirindo, em definitivo, o controle sobre as dores a que se ajustava. Ele carregaria a cama, e não o contrário.

A cura do corpo, porém, não o liberta do leito provacional que carregava intimamente. Ele regressaria à origem de suas lutas: "vai para tua casa". Foi no grupo familiar que nasceu sua paralisia.

A exemplo do doente de Cafarnaum, procure assumir seu leito de testemunhos. Busque a nascente de suas dores e cure-as.

Cultive a resignação produtiva, invista no saber libertador, dinamize seus sentimentos pelo próximo, empenhe-se na disciplina e no sacrifício aos deveres, sirva sem condições, ame indistintamente, ore perante sua fragilidade.

Prossiga confiante rumo ao futuro, assim terá o ensejo de assumir seu leito e, por fim, livrar-se da exaustiva jornada de estagnação e dependência.

Crenças

29

*[...] Quem crê em mim, ainda que
esteja morto, viverá.*

João, 11:25

Que razões o levam a acreditar que você merece a dor pela qual vem passando? Que mecanismos se encontram na base de suas crenças quando você aceita o sofrimento na condição de degrau de espiritualização? Com que objetivo você acolhe passivamente sua infelicidade?

Reavalie suas crenças de vida e verifique se entre elas não se encontra um sutil processo de autopunição e desamor.

O sofrimento só é fonte de promoção para quantos aprendem as lições que cavalgam em seu dorso. Manter-se na dor, quando já pode e deve dela sair, é descuido para consigo mesmo, ausência de autoamor e medo de enfrentar o desafio da escolha através do imperativo da decisão.

Deseje a felicidade, trabalhe pela transformação de seus problemas, acredite na possibilidade de uma vida plena, ainda que repleta de desafios.

Suas crenças são forças condutoras que se tornam verdades para você.

Cultive crenças de amor e alegria e a vida responderá a você com o melhor.

Perdas

30

Mas ajuntai tesouros no céu...

Mateus, 6:20

Mesmo guardando prudência e moderação, você será convocado ao aprendizado do desapego. Na condição de usufrutuário passageiro das bênçãos que o felicitam, você não obterá certidão de posse definitiva sobre nenhum de seus bens ou vínculos afetivos.

Não existem perdas reais no universo, porque nada pertence a ninguém.

Quando a vida convidar você às necessárias renovações, ainda que sofra a dolorosa cirurgia do desprendimento, mantenha-se no controle de si mesmo.

Hoje é o filho que muda, amanhã um vínculo que parte, depois é um bem surrupiado, mais além o emprego é retirado.

Guarda calma e equilíbrio para que entenda o recado de Deus endereçado a você, nas alterações a que a existência o convida, por via da perda.

As dores das perdas são preciosos receituários contra as ilusões que carregamos. São mudanças necessárias, visando ao caminho das conquistas que legitimamente pertencem a você no reino profundo e particular de sua alma.

Angústia e recomeço

31

E tocou-lhe na mão, e a febre a deixou;
e levantou-se, e serviu-os.

Mateus, 8:15

Para as almas aflitas e angustiadas pela melhoria espiritual, saber que Jesus é pastor compassivo e tolerante com nossas faltas é alento e estímulo renovador.

Evite o erro o quanto puderes.

Porém, quando não conseguir, feche os olhos e ore; verá, então, a mão generosa do Mestre Jesus estendida para você, convidando ao recomeço.

Aceite-a e busque melhorar-se.

Trio infalível 32

*Olhai, vigiai e orai; porque não sabeis
quando chegará o tempo.*

Marcos, 13:33

No grupo doutrinário que cultiva a sinceridade e o desejo de aprender, quando comparece a presença do conflito improdutivo é hora de soar o alarme da vigilância.

Existem muitos companheiros bem-intencionados e dispostos ao trabalho que anseiam pela liberdade irrestrita para exercerem seus papéis, a título de competência e bons resultados.

No entanto, nos grupamentos inspirados no Cristo, esse tipo de postura expressa o sutil movimento do personalismo que rejeita a crítica e a correção, fraternas, educativas e necessárias.

Muito justo que nas tarefas coletivas dos grupos transparentes tenhamos planos e metas, aspirações e projetos, entusiasmo e alegria. Resta-nos discernir se semelhantes conquistas são para o bem comum ou para glórias passageiras de destaque particular.

Nas esferas comunitárias do Espiritismo, em qualquer tempo ou lugar, será sempre mais honesto ouvir a expressão mérito nosso no lugar dos desgastados refrões: *eu fiz, eu resolvi, eu quero.*

Nos instantes de aferição de grupos, adote o trio infalível: oração, silêncio e trabalho.

Assim, certamente, haverá o triunfo acima de nossos descuidos.

Admiração e inveja

33

Assim resplandeça a vossa luz diante dos homens, para que vejam as vossas boas obras e glorifiquem a vosso Pai, que está nos céus.

Mateus, 5:16

Admirar os valores e as conquistas alheias é um feliz ato de solidariedade e altruísmo.

Quando você for tomado pela inveja, não se assuste nem se entristeça.

Eis uma grande ocasião de mergulhar no desconhecido mundo de si mesmo e descobrir quais as razões que levam você a se sentir inferiorizado ou insatisfeito ante os êxitos dos outros.

Penetre em sua intimidade e pacifique-se.

Você aprenderá com o tempo a autoadmiração pela gloriosa descoberta de seus dons divinos; então compreenderá que se encantar com os sucessos alheios será sempre um estímulo para melhor perceber suas próprias riquezas ainda desconhecidas.

Algemas no lar 34

O reino de Deus não vem com aparência exterior.

Lucas, 17:20

Ante o ideal inflamante em seu íntimo, atraindo você para a devoção e o auxílio nas frentes de solidariedade e orientação, ocorre um lance singular, impelindo ao desânimo e à revolta.

São as algemas da família que ainda não partilha com você as sendas nas trilhas de espiritualização.

Parece-lhe, em algumas ocasiões que, embora se situe no campo de serviço, é como se fios longos mantivessem você no cativeiro do passado.

Tenha calma e faça o que puder, sabendo que o canteiro do lar é a semeadura de ontem retribuindo os frutos plantados por suas próprias mãos.

Jamais abandone o dever nos roteiros sagrados da conduta reta perante a própria consciência.

Tenha lucidez, ore, imponha-se com o exemplo da fraternidade e conceda ao tempo a chance de se ajustar.

Acima de tudo, exemplifique sua mudança nas lições de aperfeiçoamento e, pouco a pouco, alcançará estágios mais compensadores diante dos seus laços consanguíneos.

Lembre-se que os laços da parentela são limites de segurança em favor de seu equilíbrio.

Paulatinamente, você encontrará as chaves da conscientização que o conduzirá aos deveres existenciais, sem a imposição das provas exteriores, libertando-se das imposições íntimas que, em verdade, são as únicas raízes de nossa infelicidade pessoal.

Confie no bem 35

*[...] se os teus olhos forem bons,
todo o teu corpo terá luz.*

Mateus, 6:22

Não amontoe mais sofrimento, permitindo-se a fixação nas faixas pessimistas.

Há comentários-chavões da rotina que funcionam como códigos de destruição e ruína para suas aspirações superiores.

Aprenda a analisar os focos promissores de tudo e de todos.

Enquanto você não consegue essa nobre semeadura nas verbalizações, preserve sua paz interior no silêncio, defendendo-se das pragas magnéticas disseminadas por toda parte.

Assume o compromisso de elevação pela postura vigilante e pelo pensamento alinhado com o bem.

Ore quando você oscilar em seu equilíbrio.

Otimismo é a aura da saúde e da alegria para os acontecimentos de todo instante.

Confie no bem!

Desemprego 36

E, respondendo Simão, disse-lhe: Mestre, havendo trabalhado toda a noite, nada apanhamos; mas, sobre a tua palavra, lançarei a rede.

Lucas, 5:5

As difíceis provas da perda profissional costumam abrigar valiosos apelos convidando você a novas direções nas experiências da vida.

Certamente, você necessita cumprir obrigações a contento e anseia pela execução de ofícios que prestigiem suas habilidades. Muito justo! Contudo, analise com calma e tenha a coragem de examinar novos ângulos da questão.

Quantos foram aqueles que nesses momentos decisivos deliberaram optar pelo novo, dispostos a aprender e incentivados a superar a si mesmos na aquisição de novas bagagens?

Pense e decida com acerto.

Fuja da amargura e da inércia. Trabalho nunca falta.

Desemprego é lição de recomeço com a qual a vida chama a novos caminhos para seu próprio bem.

Aceite sem revolta.

Ore rogando discernimento.

Você verá que a infelicidade de hoje pode ser luz e bênção logo mais, dependendo de sua postura nas ocasiões de aferição.

Morte e doença 37

Esta enfermidade não é para a morte,
mas para glória de Deus.

João, 11:4

Se a morte enviou a você aviso prévio e inadiável, submeta-se a rigorosa disciplina de vida a fim de se preparar para o desenlace com êxito.

Evite desistir dos seus ideais e, mais do que nunca, nessa hora decisiva, enumere as suas razões para viver e reflita sobre como poderá usufruir a vida intensamente, mesmo que seu tempo seja escasso.

Não imagine que não exista mérito em realizar o bem sob o peso da iminente sentença da perda corporal.

Doenças prolongadas são cirurgias dolorosas, mas de singular importância para adaptação à vida das almas livres da matéria.

Morre o corpo. Seu espírito, no entanto, estará em continuidade e aperfeiçoamento.

Valorize seu momento e não se revolte, porque de posse da consciência, aprenderá melhor as razões de Deus para suas dores.

Otimismo e confiança. A vida espera você em qualquer lugar desde que a busque dentro de si mesmo.

Fé e oração 38

Está alguém entre vós aflito? Ore.

Tiago, 5:13

Fé é a substância nutritiva dos sentimentos elevados. A fé desperta, mantém e fortalece todos os reflexos da vida emotiva nobre.

Com ela, a tristeza se dissipa e o desânimo se transforma em otimismo operante.

A fé é a luz que se acende no coração, permitindo enxergar a vida com clareza e eliminando os inesperados estados de derrotismo.

A fé é força inata em nosso ser.

Quando aprende a manejá-la, o ser avança a passos firmes e jamais se sente fraco diante das lutas e testemunhos.

A fé é a energia que leva a todas as vitórias da alma. Contudo, se você ainda não a consolidou como impulso divino na esfera dos hábitos, torna-se indispensável utilizar constantemente a oração como o dínamo ativador de sua ação a cada dia de sua vida.

Provas terminais

39

*Orai, pois, para que a vossa fuga
não suceda no inverno.*

Marcos, 13:18

Você se encontra afadigado e pessimista ante a intensidade das provas.

É compreensível sua tendência ao derrotismo e à hostilidade. Entretanto, recorde com fé e atenção que nos instantes graves do teste, quando você está a ponto de desistir, constitui isso uma indicativa segura de esperança, avisando que você está próximo do auge de sua aferição.

Em momentos como este, dilate sua resistência e vigilância um pouco mais, e logo verá, por si mesmo, o quanto lhe valeu em benefícios o esforço adicional ante a prova que se encerra.

Ore para que a sua coragem não falte no inverno das decisões cruciais.

Recorde que logo a seguir virá a primavera, brindando-o com o florescer de dias mais promissores e com vivências mais preenchedoras.

Resista a tentação

40

E os que estão sobre pedra, estes são os que, ouvindo a palavra, a recebem com alegria, mas, como não têm raiz, apenas creem por algum tempo, e no tempo da tentação se desviam;

Lucas, 8:13

Você acalenta valorosos anseios íntimos de aperfeiçoamento e sente-se aferido a todo instante pelas provas da conduta reta.

A tentação parece perseguir-lhe os passos. Ali são atrações para as escolhas infelizes; mais adiante, o convite para a ilusão dos sentidos; acolá, surgem os apelos da maldade.

Ceder aos apelos será caminho de dor e tormenta, subtraindo-lhe a oportunidade da construção dos valores dignos em você mesmo.

Use a vontade firme com o apoio da oração. Tentação é o recado que vem de dentro, uma súplica da alma para identificarmos nossas reais necessidades de crescimento. Enfrente-a com lucidez e sem fuga. Examine-a como um sintoma de suas necessidades mais profundas.

Utilize os expedientes da conversa amiga e desabafe. Recorre à leitura iluminativa e acalme-se. Trabalhe e prossiga. Peça apoio e orientação para não derrapar no mal.

Mas, acima das medidas defensivas, empreende sua campanha autoeducativa desenvolvendo um novo afeto em torno daquilo que lhe constrange à tentação.

Fazendo assim, você estará criando a resistência intransferível dos valores nobres e não somente a força de contenção nos momentos da prova áspera.

Ninguém se liberta somente a poder de repressão. Qualquer vitória real no campo do Espírito resulta de conquista efetiva e construção sólida.

Perseverar e vencer

41

*Tudo tem o seu tempo determinado,
e há tempo para todo o propósito debaixo do céu.*

Eclesiaste, 3:1

Você assumiu os empreendimentos espirituais como quem descobre uma mina de refazimento e estímulo.

Começados as primeiras tarefas, logo percebe significativa e inesperada desmotivação, provocando-lhe caos na segurança que você começava a desenvolver.

Sem possibilidades de ajuizar sobre como administrar a pressão que lhe consome, dá início, através das mentalizações, a criação de embaraços e barreiras de toda ordem para manter sua cooperação.

Persevere ainda assim.

Desabafe seu constrangimento com alguém.

Vigie as decisões.

Esforce-se para não se ausentar dos ambientes de serviço, e não pare de realizar.

Quanto mais se acentuem os impedimentos, mais desdobre-se no amor ao bem.

Se parar, não entenderá as profundas lições que lhe são reservadas na busca das soluções dos problemas que lhe afligem.

Para ter valor, o aprendizado reclama os testes e a nota.

Persevere sem desculpismos e deixe com o tempo, mestre valioso, as respostas que agora você não compreende.

Há tempo para tudo, inclusive para a vitória.

Fazendo assim você vencerá, e vencer é sinal de melhora e libertação.

Foco positivo

42

*Pois do que há em abundância no coração,
disso fala a boca.*

Mateus, 12:34

Procure recolher na sua existência o foco positivo de todos e de tudo.

Agindo assim, não faz nenhum favor senão a si mesmo.

É que, quando você destaca o mal, está, em verdade, abrindo suas portas íntimas para que ele penetre em sua vida.

O estudo de si mesmo pode comprovar-lhe este princípio.

Quase sempre, quando destaca um lado ruim da vida, é porque encontra-se nesse mesmo estado ou está prestes a adotá-lo, sem que perceba.

Valorize o bom e o belo em tudo e em todos.

Cultive esse hábito de autoamor e vibrará sempre na faixa otimista de Deus, atraindo para sua jornada somente a beleza, o bem-estar e as forças do bem.

Dores do afeto 43

O homem bom tira boas coisas do bom tesouro do seu coração, e o homem mau do mau tesouro tira coisas más.

Mateus, 12:35

Você sofreu a pressão de traições e abandono, ofensas e agastamentos nos lances do consórcio de corações nos regimes de amor.

Sofre, chora, inquieta-se e revolta-se.

Desagradável sentimento de rancor e ódio toma-lhe de assalto, surrupiando de vez suas últimas cotas de resistência. Então delibera pela ação enfermiça ante as dores afetivas.

Nesse drama, é chegada a hora da razão assumir o leme da embarcação do sentimento rumos às águas menos turbulentas, para evitar seu naufrágio e a falência definitiva, irreversível.

Para iluminar e fortalecer a razão, você precisará da claridade da prece.

Você alega que o instante é inoportuno e considera sua incapacidade para a prática da oração.

No entanto, que pensar do doente que decide tomar a medicação somente após a convalescença?

281

É nesse momento que você será aferido e a misericórdia de Deus, que nunca escasseia, suprir-lhe-á de reservas inesperadas que pareciam impossíveis.

Adote sempre a oração como reorganizadora divina de suas forças, e segue seu caminho aguardando a hora exata, a fim de avaliar com mais acerto as medidas e decisões que tomará frente aos caminhos a seguir.

Recorde que as cicatrizes do coração são revigorantes defesas na aquisição dos mais nobres sentimentos vinculados ao amor.

Recorde: *"O homem bom tira boas coisas do bom tesouro do seu coração"*.

Rumos superiores

44

Entrai pela porta estreita; porque larga é a porta, e espaçoso o caminho que conduz à perdição, e muitos são os que entram por ela;

Mateus, 7:13

Você encontrará muitos apelos do mundo para as soluções fáceis.

Se já se vê convocado ao serviço divino de sua redenção espiritual, vigie os impulsos inferiores que acalenta em direção aos rumos ilusórios da acomodação e do conforto. Eles podem perturbar-lhe a marcha de crescimento.

Não anseie experimentar a prova da prodigalidade, talvez ainda não se encontre pronto para ela.

Sirva sem condições e prossiga sem temor, preferindo o caminho estreito, promotor de conquistas superiores.

A fadiga lhe visita? Descanse e persista.

Está em dúvida? Caminhe um pouco mais trabalhando e logo as respostas surgirão quais luzes apaziguadoras.

Está em desânimo? Busque a luz da oração fortalecendo-se em Deus.

Construa abnegadamente pelos caminhos estreitos, e mesmo que lhe pareça improdutivo ou excessivamente sacrificial, recorde, confiantemente, que somente por essa escolha dirigir-se-á para Deus, onde encontrará os benefícios da paz tão desejada.

Drágeas de otimismo

45

Os sãos não necessitam de médico, mas, sim, os que estão doentes; eu não vim chamar os justos, mas, sim, os pecadores ao arrependimento.

Marcos, 2:17

Lembre-se sempre da condição espiritual de enfermo da alma e discipline-se usando as medicações indispensáveis.

Acidente inesperado? Medique com a paciência.

Lar conturbado? Ingira a pílula da tolerância.

Ciclos profissionais difíceis? Injete possante dose de fé e trabalho.

Atividades doutrinárias em bancarrota? Absorva a oração refazente e harmonizadora.

Decepção amorosa? Use a drágea da confidência orientativa.

Infelicidade nos relacionamentos? Ingira o comprimido fortalecedor da perseverança.

Dores corporais na doença? Acalme-se com o medicamento da esperança.

As drágeas de otimismo são vitaminas benéficas para sua paz interior.

Leve-as sempre na bolsa da vigilância e jamais deixe de utilizá-las, destampando o frasco da boa vontade que as conserva.

Na falta de gentileza

46

*Não sabeis que um pouco de fermento
faz levedar toda a massa?*

Coríntios, 5:6

Você se queixa dos ambientes onde faltam os dotes da cordialidade e da gentileza.

Observe por outro prisma e verá que neste local estéril falta quem decida por fazer todo o bem possível.

Ser gentil é o mesmo que tecer uma muralha protetora em si mesmo, abrigando-se das farpas vibratórias que contaminam os locais imprevidentes com a desarmonia e a perturbação.

Assuma, espontaneamente, em nome do amor, a condição do dispensador incondicional das atenções reclamadas.

Os terrenos áridos suplicam ser regados por um pingo de bondade. A terra seca solicita um filete de água.

Torne-se a referência moral para que os outros encontrem em você as motivações que, por agora, por eles mesmos, não conseguem acionar.

O tempo apresentará os frutos da sementeira da afabilidade.

Um pouco de fermento afetivo provoca maravilhas nos recintos áridos, podendo com o tempo levedar toda a massa e criar o clima da amizade verdadeira, com a qual possas edificar um ninho de refazimento e realização para os seus dias de aprendizado na escola dos relacionamentos.

Tarefas e carmas

47

E outra caiu sobre pedregais, onde não havia muita terra, e nasceu logo, porque não tinha terra profunda;

Marcos, 4:5

Os trabalhos espirituais que hoje você realiza, são semeaduras abençoadas que hão de renovar-lhe os valores e caminhos. Trabalho espiritual é tesouro e oportunidade, remédio e educação.

Quem o veja como resgate ou conta onerosa, estará desviando-se de seus sublimes objetivos no reerguimento de sua própria consciência.

Destacar compromissos de outras vidas para justificar suas ações no bem é abandonar o discernimento. Reflita nessa questão e corrija sua visão. A imaginação fértil costuma ser genitora de fantasias nocivas neste tema.

Enquanto age agora, por motivos que ficaram no pretérito, você descuida de examinar o universo presente de seus sentimentos. É nesta teia energética do coração que se encontram tecidos todos os fios das velhas roupagens morais construídas no suceder das vidas passadas.

O saneamento do pretérito se realiza através da consciência de oportunidade que você dispõe no momento presente.

Faça o bem por amor.

Quem ama transcende qualquer expressão de tristeza dos tempos de outrora. Que outra finalidade teria a benção do esquecimento sob a tutela da reencarnação?

A semente do bem sobre pedregais será queimada pelo sol. Como dirigir um automóvel com a atenção focada no retrovisor?

Meditação da rosa

48

Mas tu, quando orares, entra no teu aposento e, fechando a tua porta, ora a teu Pai que está em secreto; [...]

Mateus, 6:6

Pare um pouco e abandone a rotina. Respire um ar puro.

Mentalize uma rosa de sua escolha. Visualize a cor. Perceba as pétalas veludosas. Inspire o perfume delicado.

É Deus fazendo poesia.

É a natureza em plena harmonia.

Agora pegue a haste com as duas mãos e leve-a ao coração e repita várias vezes: eu sou luz, eu sou paz, eu sou amor.

Respire fundo e relaxe sua musculatura. Mantenha-se nesse estado de pacificação por um instante, sem nada pensar.

Agora, finalize sua meditação dizendo: Pai, agradeço pela sagrada rosa da vida.

Visão

49

> *Bem-aventurados os limpos de coração,*
> *porque eles verão a Deus;*
>
> Mateus, 5:8

A sua realidade é o resultado de como você interage com o mundo à sua volta.

O sentido que você dá às relações e vivências, determina sua forma de ver e entender.

Em razão disso, tomará pessoas e fatos sempre sob a ótica de seus sentimentos e sob a lente do conhecimento que possui.

Se está na sombra da vida, absorverá as vibrações de baixo teor com o qual asfixiará suas emoções e pensamentos.

Se você se adianta na luz, consumirá a essência vitalizada do bem.

Olhe-se com honestidade, assuma para si mesmo o que sente, mergulhe em meditação sincera sem recriminação e exagero. Após o que, recolha-se na oração e prossiga dia após dia, ininterruptamente, perdoando-se e mirando, sem receios, sua imagem no espelho da consciência.

Com o coração limpo, perceberá que Deus age em você.

O foco da felicidade

50

*Porque onde estiver o vosso tesouro aí
estará também o vosso coração.*

Mateus, 6:21

Para muitos, felicidade é ausência de problemas. A vida passa e eles não acabam e, assim sendo, a felicidade não surge.

Problemas são necessários, instigam a inteligência, depuram os sentimentos, burilam tendências, educam as potencialidades.

Grande leva de corações consideram os problemas como incômodos que não deveriam existir e os tratam de forma inadequada, gerando outros tantos transtornos.

O desespero, o desânimo, a revolta, a impaciência e a raiva têm sido as reações mais observáveis ante as aferições da rotina, consumando um lastro de dores morais que mais oneram os testemunhos do crescimento individual.

Ter problemas, resgatar dívidas, passar por tribulações não significam necessariamente irredutível cárcere de dor.

Todos os dias você recebe, juntamente com as dificuldades, as chances para superá-las. Ninguém está órfão de amparo e recurso.

O grande e verdadeiro problema é como você foca as provas de cada dia.

Cultive o otimismo, trabalhe sem desistir, ore suplicando forças, recorra ao sustento da amizade, descanse o necessário, cumpra o dever e aprimore suas forças espirituais, para que a Energia Divina, plena de bênçãos e soluções, penetre seu ser, fazendo com que se sinta feliz e consciente, ante todos os percalços do caminho.

Que fique claro: problemas sempre existirão, sofrer ou não sofrer é por sua conta.

Título
Vibrações de paz em família

Autoria
Espírito Ermance Dufaux
Psicografia de Wanderley Oliveira

Edição
2ª

ISBN
978-85-7219001-5

Capa
Renan Assumpção

Projeto gráfico e diagramação
Renan Assumpção

Revisão ortográfica
Mary Ferrarini e Nilma Helena

Revisão da diagramação
Ednei Procópio e Irene Stubber

Preparação de originais
Ednei Procópio e Nilma Helena

Composição
Adobe IndesignCC 22, plataforma PC

Páginas
311

Tamanho
Miolo: 16x23cm
Capa 16x23 com orelhas de 8,5cm

Tipografia
Texto principal: Tahoma 13pt
Título: VidaLoka 60pt
Notas de rodapé: Tahoma 11pt

Margens
20 mm: 25 mm: 25 mm: 20 mm
(superior:inferior:interna;externa)

Mancha
11,5x18,5cm

Papel
Miolo: Pólen 70g
Capa: Cartão Supreme 250g/m²

Cores
Miolo 1x1 cor
Capa em 4x0 CMYK

Impressão
Instituto Editorial D Esperance

Acabamento
Miolo: Brochura, cadernos de 32
páginas, costurados e colados.
Capa: Laminação Fosca

Tiragem
350

Produção
Fevereiro 2023

SÉRIE **AUTOCONHECIMENTO**

DEPRESSÃO E AUTOCONHECIMENTO - COMO EXTRAIR PRECIOSAS LIÇÕES DESSA DOR

A proposta de tratamento complementar da depressão aqui abordada tem como foco a educação para lidar com nossa dor, que muito antes de ser mental, é moral.

Wanderley Oliveira
16 x 23 cm
235 páginas

ebook

FALA, PRETO VELHO

Um roteiro de autoproteção energética através do autoamor. Os textos aqui desenvolvidos permitem construir nossa proteção interior por meio de condutas amorosas e posturas mentais positivas, para criação de um ambiente energético protetor ao redor de nossas vidas.

Wanderley Oliveira | Pai João de Angola
16 x 23 cm
291 páginas

ebook

QUAL A MEDIDA DO SEU AMOR?

Propõe revermos nossa forma de amar, pois estamos mais próximos de uma visão particularista do que de uma vivência autêntica desse sentimento. Superar limites, cultivar relações saudáveis e vencer barreiras emocionais são alguns dos exercícios na construção desse novo olhar.

Wanderley Oliveira | Ermance Dufaux
16 x 23 cm
208 páginas

ebook

APAIXONE-SE POR VOCÊ

Você já ouviu alguém dizer para outra pessoa: "minha vida é você"?
Enquanto o eixo de sua sustentação psicológica for outra pessoa, a sua vida estará sempre ameaçada, pois o medo da perda vai rondar seus passos a cada minuto.

Wanderley Oliveira
16 x 23 cm
152 páginas

A VERDADE ALÉM DAS APARÊNCIAS - O UNIVERSO INTERIOR

Liberte-se da ansiedade e da angústia, direcionando o seu espírito para o único tempo que realmente importa: o presente. Nele você pode construir um novo olhar, amplo e consciente, que levará você a enxergar a verdade além das aparências.

Samuel Gomes
16 x 23 cm
272 páginas

DESCOMPLIQUE, SEJA LEVE

Um livro de mensagens para apoiar sua caminhada na aquisição de uma vida mais suave e rica de alegrias na convivência.

Wanderley Oliveira
16 x 23 cm
238 páginas

7 CAMINHOS PARA O AUTOAMOR

O tema central dessa obra é o autoamor que, na concepção dos educadores espirituais, tem na autoestima o campo elementar para seu desenvolvimento. O autoamor é algo inato, herança divina, enquanto a autoestima é o serviço laborioso e paciente de resgatar essa força interior, ao longo do caminho de volta à casa do Pai.

Wanderley Oliveira | Pai João de Angola
16 x 23 cm
272 páginas

A REDENÇÃO DE UM EXILADO

A obra traz informações sobre a formação da civilização, nos primórdios da Terra, que contou com a ajuda do exílio de milhões de espíritos mandados para cá para conquistar sua recuperação moral e auxiliar no desenvolvimento das raças e da civilização. É uma narrativa do Apóstolo Lucas, que foi um desses enviados, e que venceu suas dificuldades íntimas para seguir no trabalho orientado pelo Cristo.

Samuel Gomes | Lucas
16 x 23 cm
368 páginas

AMOROSIDADE - A CURA DA FERIDA DO ABANDONO

Uma das mais conhecidas prisões emocionais na atualidade é a dor do abandono, a sensação de desamparo. Essa lesão na alma responde por larga soma de aflições em todos os continentes do mundo. Não há quem não esteja carente de ser protegido e acolhido, amado e incentivado nas lutas de cada dia.

Wanderley Oliveira | Ermance Dufaux
16 x 23 cm
300 páginas

MEDIUNIDADE - A CURA DA FERIDA DA FRAGILIDADE

Ermance Dufaux vem tratando sobre as feridas evolutivas da humanidade. A ferida da fragilidade é um dos traços mais marcantes dos aprendizes da escola terrena. Uma acentuada desconexão com o patrimônio da fé e do autoamor, os verdadeiros poderes da alma.

Wanderley Oliveira | Ermance Dufaux
16 x 23 cm
235 páginas
ebook

CONECTE-SE A VOCÊ - O ENCONTRO DE UMA NOVA MENTALIDADE QUE TRANSFORMARÁ A SUA VIDA

Este livro vai te estimular na busca de quem você é verdadeiramente. Com leitura de fácil assimilação, ele é uma viagem a um país desconhecido que, pouco a pouco, revela características e peculiaridades que o ajudarão a encontrar novos caminhos. Para esta viagem, você deve estar conectado a sua essência. A partir daí, tudo que você fizer o levará ao encontro do propósito que Deus estabeleceu para sua vida espiritual.

Rodrigo Ferretti
16 x 23 cm
256 páginas

APOCALIPSE SEGUNDO A ESPIRITUALIDADE - O DESPERTAR DE UMA NOVA CONSCIÊNCIA

Num curso realizado em uma colônia do plano espiritual, o livro Apocalipse, de João Evangelista, é estudado de forma dinâmica e de fácil entendimento, desvendando a simbologia das figuras místicas sob o enfoque do autoconhecimento.

Samuel Gomes
16 x 23 cm
313 páginas

VIDAS PASSADAS E HOMOSSEXUALIDADE - CAMINHOS QUE LEVAM À HARMONIA

"Vidas Passadas e Homossexualidade" é, antes de tudo, um livro sobre o autoconhecimento. E, mais que uma obra que trada do uso prático da Terapia de Regressão às Vidas Passadas . Em um conjunto de casos, ricamente descritos, o leitor poderá compreender a relação de sua atual encarnação com aquelas que ele viveu em vidas passadas. O obra mostra que absolutamente tudo está interligado. Se o leitor não encontra respostas sobre as suas buscas psicológicas nesta vida, ele as encontrará conhecendo suas vidas passadas.
Samuel Gomes

Dra. Solange Cigagna
16 x 23 cm
364 páginas

SÉRIE CONSCIÊNCIA DESPERTA

SAIA DO CONTROLE - UM DIÁLOGO TERAPEUTICO E LIBERTADOR ENTRE A MENTE E A CONSCIÊNCIA

Agimos de forma instintiva por não saber observar os pensamentos e emoções que direcionam nossas ações de forma condicionada. Por meio de uma observação atenta e consciente, identificando o domínio da mente em nossas vidas, passamos a viver conscientes das forças internas que nos regem.

Rossano Sobrinho
16 x 23 cm
268 páginas

ebook

SÉRIE CULTO NO LAR

VIBRAÇÕES DE PAZ EM FAMÍLIA

Quando a família se reune para orar, ou mesmo um de seus componetes, o ambiente do lar melhora muito. As preces são emissões poderosas de energia que promovem a iluminação interior. A oração em família traz paz e fortalece, protege e ampara a cada um que se prepara para a jornada terrena rumo à superação de todos os desafios.

Wanderley Oliveira | Ermance Dufaux
16 x 23 cm
212 páginas

ebook

JESUS - A INSPIRAÇÃO DAS RELAÇÕES LUMINOSAS

Após o sucesso de "Emoções que curam", o espírito Ermance Dufaux retorna com um novo livro baseado nos ensinamentos do Cristo, destacando que o autoamor é a garantia mais sólida para a construção de relacionamentos luminosos.

Wanderley Oliveira | Ermance Dufaux
16 x 23 cm
304 páginas

ebook

REGENERAÇÃO - EM HARMONIA COM O PAI

Nos dias em que a Terra passa por transformações fundamentais, ampliando suas condições na direção de se tornar um mundo regenerado, é necessário desenvolvermos uma harmonia inabalável para aproveitar as lições que esses dias nos proporcionam por meio das nossas decisões e das nossas escolhas, [...].

Samuel Gomes | Diversos Espíritos
16 x 23 cm
223 páginas

ebook

PRECES ESPÍRITAS

Porque e como orar?
O modo como oramos influi no resultado de nossas preces?
Existe um jeito certo de fazer a oração?
Allan Kardec nos afirma que *"não há fórmula absoluta para a prece"*, mas o próprio Evangelho nos orienta que *"quando oramos, devemos entrar no nosso aposento interno do coração e, fechando a porta, busquemos Deus que habita em nós; e Ele, que vê nossa mais secreta realidade espiritual, nos amparará em todas as necessidades. Ao orarmos, evitemos as repetições de orações realizadas da boca para fora, como muitos que pensam que por muito falarem serão ouvidos. Oremos a Deus em espírito e verdade porque nosso Pai sabe o que nos é necessário, antes mesmo de pedirmos"*. (Mateus 6:5 a 8)

Allan Kardec
16 x 23 cm
145 páginas

O EVANGELHO SEGUNDO O ESPIRITISMO

O Evangelho de Jesus Cristo foi levado ao mundo por meio de seus discípulos, logo após o desencarne do Mestre na cruz. Mas o Evangelho de Cristo foi, muitas vezes, alterado e deturpado através de inúmeras edições e traduções do chamado Novo Testamento. Agora, a Doutrina Espírita, por meio de um trabalho sob a óptica dos espíritos e de Allan Kardec, vem jogar luz sobre a verdadeira face de Cristo e seus ensinamentos de perdão, caridade e amor.

Allan Kardec
16 x 23 cm
431 páginas

 SÉRIE **DESAFIOS DA CONVIVÊNCIA**

QUEM SABE PODE MUITO. QUEM AMA PODE MAIS

A lição central desta obra é mostrar que o conhecimento nem sempre é suficiente para garantir a presença do amor nas relações. "Estar informado é a primeira etapa. Ser transformado é a etapa da maioridade." - Eurípedes Barsanulfo.

Wanderley Oliveira | José Mário
16 x 23 cm
312 páginas

QUEM PERDOA LIBERTA - ROMPER OS FIOS DA MÁGOA ATRAVÉS DA MISERICÓRDIA

Continuação do livro "QUEM SABE PODE MUITO. QUEM AMA PODE MAIS" dando sequência à trilogia "Desafios da Convivência".

Wanderley Oliveira | José Mário
16 x 23 cm
320 páginas

SERVIDORES DA LUZ NA TRANSIÇÃO PLANETÁRIA

Nesta obra recebemos o convite para nos integrar nas fileiras dos Servidores da Luz, atuando de forma consciente diante dos desafios da transição planetária. Brilhante fechamento da trilogia.

Wanderley Oliveira | José Mário
14x21 cm
298 páginas

SÉRIE ESPÍRITOS DO BEM

GUARDIÕES DO CARMA - A MISSÃO DOS EXUS NA TERRA

Pai João de Angola quebra com o preconceito criado em torno dos exus e mostra que a missão deles na Terra vai além do que conhecemos. Na verdade, eles atuam como guardiões do carma, nos ajudando nos principais aspectos de nossas vidas.

Wanderley Oliveira | Pai João de Angola
16 x 23 cm
288 páginas

GUARDIÃS DO AMOR - A MISSÃO DAS POMBAGIRAS NA TERRA

"São um exemplo de amor incondicional e de grandeza da alma. São mães dos deserdados e angustiados. São educadoras e desenvolvedoras do sagrado feminino, e nesse aspecto são capazes de ampliar, nos homens e nas mulheres, muitas conquistas que abrem portas para um mundo mais humanizado, [...]".

Wanderley Oliveira | Pai João de Angola
16 x 23 cm
232 páginas

GUARDIÕES DA VERDADE - NADA FICARÁ OCULTO

Neste momento de batalhas decisivas rumo aos tempos da regeneração, esta obra é um alerta que destaca a importância da autenticidade nas relações humanas e da conduta ética como bases para uma forma transparente de viver. A partir de agora, nada ficará oculto, pois a Verdade é o único caminho que aguarda a humanidade para diluir o mal e se estabelecer na realidade que rege o universo.

Wanderley Oliveira | Pai João de Angola
16 x 23 cm
236 páginas

SÉRIE ESTUDOS DOUTRINÁRIOS

ATITUDE DE AMOR

Opúsculo contendo a palestra "Atitude de Amor" de Bezerra de Menezes, o debate com Eurípedes Barsanulfo sobre o período da maioridade do Espiritismo e as orientações sobre o "movimento atitude de amor". Por uma efetiva renovação pela educação moral.

Wanderley Oliveira | Ermance Dufaux e Cícero Pereira
14 x 21 cm
94 páginas

SEARA BENDITA

Um convite à reflexão sobre a urgência de novas posturas e conceitos. As mudanças a adotar em favor da construção de um movimento social capaz de cooperar com eficácia na espiritualização da humanidade.

Wanderley Oliveira e Maria José Costa | Diversos Espíritos
14 x 21 cm
284 páginas

Gratuito em nosso site, somente em:

NOTÍCIAS DE CHICO

"Nesta obra, Chico Xavier afirma com seu otimismo natural que a Terra caminha para uma regeneração de acordo com os projetos de Jesus, a caracterizar-se pela tolerância humana recíproca e que precisamos fazer a nossa parte no concerto projetado pelo Orientador Maior, principalmente porque ainda não assumimos responsabilidades mais expressivas na sustentação das propostas elevadas que dizem respeito ao futuro do nosso planeta."

Samuel Gomes | Chico Xavier
16 x 23 cm
181 páginas

SÉRIE FAMÍLIA E ESPIRITUALIDADE

UM JOVEM OBSESSOR - A FORÇA DO AMOR NA REDENÇÃO ESPIRITUAL

Um jovem conta sua história, compartilhando seus problemas após a morte, falando sobre relacionamentos, sexo, drogas e, sobretudo, da força do amor na redenção espiritual.

Adriana Machado | Jefferson
16 x 23 cm
392 páginas

UM JOVEM MÉDIUM - CORAGEM E SUPERAÇÃO PELA FORÇA DA FÉ

A mediunidade é um canal de acesso às questões de vidas passadas que ainda precisam ser resolvidas. O livro conta a história do jovem Alexandre que, com sua mediunidade, se torna o intermediário entre as histórias de vidas passadas daqueles que o rodeiam tanto no plano físico quanto no plano espiritual. Surpresos com o dom mediúnico do menino, os pais, de formação Católica, se veem às voltas com as questões espirituais que o filho querido traz para o seio da família.

Adriana Machado | Ezequiel
16 x 23 cm
365 páginas

RECONSTRUA SUA FAMÍLIA - CONSIDERAÇÕES PARA O PÓS-PANDEMIA

Vivemos dias de definição, onde nada mais será como antes. Necessário redefinir e ampliar o conceito de família. Isso pode evitar muitos conflitos nas interações pessoais. O autoconhecimento seguido de reforma íntima será o único caminho para transformação do ser humano, das famílias, das sociedades e da humanidade.

Dr. Américo Canhoto
16 x 23 cm
237 páginas

SÉRIE HARMONIA INTERIOR

LAÇOS DE AFETO - CAMINHOS DO AMOR NA CONVIVÊNCIA

Uma abordagem sobre a importância do afeto em nossos relacionamentos para o crescimento espiritual. São textos baseados no dia a dia de nossas experiências. Um estímulo ao aprendizado mais proveitoso e harmonioso na convivência humana.

Wanderley Oliveira | Ermance Dufaux
16 x 23 cm
312 páginas

 [ESPANHOL]

MEREÇA SER FELIZ - SUPERANDO AS ILUSÕES DO ORGULHO

Um estudo psicológico sobre o orgulho e sua influência em nossa caminhada espiritual. Ermance Dufaux considera essa doença moral como um dos mais fortes obstáculos à nossa felicidade, porque nos leva à ilusão.

Wanderley Oliveira | Ermance Dufaux
16 x 23 cm
296 páginas

 [ESPANHOL]

REFORMA ÍNTIMA SEM MARTÍRIO - AUTOTRANSFORMAÇÃO COM LEVEZA E ESPERANÇA

As ações em favor do aperfeiçoamento espiritual dependem de uma relação pacífica com nossas imperfeições. Como gerenciar a vida íntima sem adicionar o sofrimento e sem entrar em conflito consigo mesmo?

Wanderley Oliveira | Ermance Dufaux
16 x 23 cm
288 páginas

 ESPANHOL   INGLÊS

PRAZER DE VIVER - CONQUISTA DE QUEM CULTIVA A FÉ E A ESPERANÇA

Neste livro, Ermance Dufaux, com seus ensinos, nos auxilia a pensar caminhos para alcançar nossas metas existenciais, a fim de que as nossas reencarnações sejam melhor vividas e aproveitadas.

Wanderley Oliveira | Ermance Dufaux
16 x 23 cm
248 páginas

ESCUTANDO SENTIMENTOS - A ATITUDE DE AMAR-NOS COMO MERECEMOS

Ermance afirma que temos dado passos importantes no amor ao próximo, mas nem sempre sabemos como cuidar de nós, tratando-nos com culpas, medos e outros sentimentos que não colaboram para nossa felicidade.

Wanderley Oliveira | Ermance Dufaux
16 x 23 cm
256 páginas

 ESPANHOL

DIFERENÇAS NÃO SÃO DEFEITOS - A RIQUEZA DA DIVERSIDADE NAS RELAÇÕES HUMANAS

Ninguém será exatamente como gostaríamos que fosse. Quando aprendemos a conviver bem com os diferentes e suas diferenças, a vida fica bem mais leve. Aprenda esse grande SEGREDO e conquiste sua liberdade pessoal.

Wanderley Oliveira | Ermance Dufaux
16 x 23 cm
248 páginas

EMOÇÕES QUE CURAM - CULPA, RAIVA E MEDO COMO FORÇAS DE LIBERTAÇÃO

Um convite para aceitarmos as emoções como forma terapêutica de viver, sintonizando o pensamento com a realidade e com o desenvolvimento da autoaceitação.

Wanderley Oliveira | Ermance Dufaux
16 x 23 cm
272 páginas

ebook

SÉRIE REFLEXÕES DIÁRIAS

PARA SENTIR DEUS

Nos momentos atuais da humanidade sentimos extrema necessidade da presença de Deus. Ermance Dufaux resgata, para cada um, múltiplas formas de contato com Ele, de como senti-Lo em nossas vidas, nas circunstâncias que nos cercam e nos semelhantes que dividem conosco a jornada reencarnatória. Ver, ouvir e sentir Deus em tudo e em todos.

Wanderley Oliveira | Ermance Dufaux
11 x 15,5 cm
133 páginas
Somente ebook

LIÇÕES PARA O AUTOAMOR

Mensagens de estímulo na conquista do perdão, da aceitação e do amor a si mesmo. Um convite à maravilhosa jornada do autoconhecimento que nos conduzirá a tomar posse de nossa herança divina.

Wanderley Oliveira | Ermance Dufaux
11 x 15,5 cm
128 páginas
Somente ebook

RECEITAS PARA A ALMA

Mensagens de conforto e esperança, com pequenos lembretes sobre a aplicação do Evangelho para o dia a dia. Um conjunto de propostas que se constituem em verdadeiros remédios para nossas almas.

Wanderley Oliveira | Ermance Dufaux
11 x 15,5 cm
146 páginas
Somente ebook

SÉRIE REGENERAÇÃO

FUTURO ESPIRITUAL DA TERRA

As necessidades, as estruturas perispirituais e neuropsíquicas, o trabalho, o tempo, as características sociais e os próprios recursos de natureza material se tornarão bem mais sutis. O futuro já está em construção e André Luiz, através da psicografia de Samuel Gomes, conta como será o Futuro Espiritual da Terra.

Samuel Gomes | André Luiz
16 x 23 cm
344 páginas

XEQUE-MATE NAS SOMBRAS - A VITÓRIA DA LUZ

André Luiz traz notícias das atividades que as colônias espirituais, ao redor da Terra, estão realizando para resgatar os espíritos que se encontram perdidos nas trevas e conduzi-los a passar por um filtro de valores, seja para receberem recursos visando a melhorar suas qualidades morais – se tiverem condições de continuar no orbe – seja para encaminhá-los ao degredo planetário.

Samuel Gomes | André Luiz
16 x 23 cm
212 páginas

A DECISÃO - CRISTOS PLANETÁRIOS DEFINEM O FUTURO ESPIRITUAL DA TERRA

"Os Cristos Planetários do Sistema Solar e de outros sistemas se encontram para decidir sobre o futuro da Terra na sua fase de regeneração. Numa reunião que pode ser considerada, na atualidade, uma das mais importantes para a humanidade terrestre, Jesus faz um pronunciamento direto sobre as diretrizes estabelecidas por Ele para este período."

Samuel Gomes | André Luiz e Chico Xavier
16 x 23 cm
210 páginas

 ## SÉRIE ROMANCE MEDIÚNICO

OS DRAGÕES - O DIAMANTE NO LODO NÃO DEIXA DE SER DIAMANTE

Um relato leve e comovente sobre nossos vínculos com os grupos de espíritos que integram as organizações do mal no submundo astral.

Wanderley Oliveira | Maria Modesto Cravo
16 x 23cm
522 páginas

LÍRIOS DE ESPERANÇA

Ermance Dufaux alerta os espíritas e lidadores do bem de um modo geral, para as responsabilidades urgentes da renovação interior e da prática do amor neste momento de transição evolutiva, através de novos modelos de relação, como orientam os benfeitores espirituais.

Wanderley Oliveira | Ermance Dufaux
16 x 23 cm
508 páginas

AMOR ALÉM DE TUDO

Regras para seguir e rótulos para sustentar. Até quando viveremos sob o peso dessas ilusões? Nessa obra reveladora, Dr. Inácio Ferreira nos convida a conhecer a verdade acima das aparências. Um novo caminho para aqueles que buscam respeito às diferenças e o AMOR ALÉM DE TUDO.

Wanderley Oliveira | Inácio Ferreira
16 x 23 cm
252 páginas

ABRAÇO DE PAI JOÃO

Pai João de Angola retorna com conceitos simples e práticos, sobre os problemas gerados pela carência afetiva. Um romance com casos repletos de lutas, desafios e superações. Esperança para que permaneçamos no processo de resgate das potências divinas de nosso espírito.

Wanderley Oliveira | Pai João de Angola
16 x 23 cm
224 páginas

UM ENCONTRO COM PAI JOÃO

A obra também fala do valor de uma terapia, da necessidade do autoconhecimento, dos tipos de casamentos programados antes do reencarne, dos processos obsessivos de variados graus e do amparo de Deus para nossas vidas por meio dos amigos espirituais e seus trabalhadores encarnados. Narra também em detalhes a dinâmica das atividades socorristas do centro espírita.

Wanderley Oliveira | Pai João de Angola
16 x 23 cm
220 páginas

O LADO OCULTO DA TRANSIÇÃO PLANETÁRIA

O espírito Maria Modesto Cravo aborda os bastidores da transição planetária com casos conectados ao astral da Terra.

Wanderley Oliveira | Maria Modesto Cravo
16 x 23 cm
288 páginas

PERDÃO - A CHAVE PARA A LIBERDADE

Neste romance revelador, conhecemos Onofre, um pai que enfrenta a perda de seu único filho com apenas oito anos de idade. Diante do luto e diversas frustrações, um processo desafiador de autoconhecimento o convida a enxergar a vida com um novo olhar. Será essa a chave para a sua libertação?

Adriana Machado | Ezequiel
14 x 21 cm
288 páginas

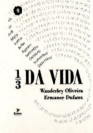

1/3 DA VIDA - ENQUANTO O CORPO DORME A ALMA DESPERTA

A atividade noturna fora da matéria representa um terço da vida no corpo físico, e é considerada por nós como o período mais rico em espiritualidade, oportunidade e esperança.

Wanderley Oliveira | Ermance Dufaux
16 x 23 cm
279 páginas

NEM TUDO É CARMA, MAS TUDO É ESCOLHA

Somos todos agentes ativos das experiências que vivenciamos e não há injustiças ou acasos em cada um dos aprendizados.

Adriana Machado | Ezequiel
16 x 23 cm
536 páginas

RETRATOS DA VIDA - AS CONSEQUÊNCIAS DO DESCOMPROMETIMENTO AFETIVO

Túlio costumava abstrair-se da realidade, sempre se imaginando pintando um quadro; mais especificamente pintando o rosto de uma mulher.
Vivendo com Dora um casamento já frio e distante, uma terrível e insuportável dor se abate sobre sua vida. A dor era tanta que Túlio precisou buscar dentro de sua alma uma resposta para todas as suas angústias..

Clotilde Fascioni
16 x 23 cm
175 páginas

O PREÇO DE UM PERDÃO - AS VIDAS DE DANIEL

Daniel se apaixona perdidamente e, por várias vidas, é capaz de fazer qualquer coisa para alcançar o objetivo de concretizar o seu amor. Mas suas atitudes, por mais verdadeiras que sejam, o afastam cada vez mais desse objetivo. É quando a vida o para.

André Figueiredo e Fernanda Sicuro | Espírito Bruno
16 x 23 cm
333 páginas

ebook

LIVROS QUE TRANSFORMAM VIDAS!

Acompanhe nossas redes sociais

(lançamentos, conteúdos e promoções)

- @editoradufaux
- facebook.com/EditoraDufaux
- youtube.com/user/EditoraDufaux

Conheça nosso catálogo e mais sobre nossa editora. Acesse os nossos sites

Loja Virtual
- www.dufaux.com.br

eBooks, conteúdos gratuitos e muito mais
- www.editoradufaux.com.br

Entre em contato com a gente.

Use os nossos canais de atendimento

- (31) 99193-2230
- (31) 3347-1531
- www.dufaux.com.br/contato
- sac@editoradufaux.com.br
- Rua Contria, 759 | Alto Barroca | CEP 30431-028 | Belo Horizonte | MG